ВСТРЕЧАЯ СОМНЕНИЯ

ВСТРЕЧАЯ СОМНЕНИЯ

КНИГА ДЛЯ ВЕРУЮЩИХ - АДВЕНТИСТОВ

"НА ГРАНИ"

РЕЙНДЕР БРУИНСМА

© Reinder Bruinsma, Рейндер Бруинсма 2017
Издательство: Flankó Press, London, UK

Unless otherwise noted, Bible quotations in this book are taken from the Revised Standard Version of the Bible, copyright © 1946, 1952, 1971, by the Division of Christian Education of the National Council of Churches of Christ in the USA. Used by permission.

Texts credited to the New Living Translation are from the Holy Bible, New Living Translation, copyright © 1996. Used by permission of the Tyndale House Publishers, Inc., Wheaton, Illinois 60189. All rights reserved.

ISBN 978-0-9935405-9-2

Редактор: Джонкил Хоул, Кроуторн, Беркс (Великобритания)
Дизайн обложки: Мервин Холл, Алфен ан ден Рийн (Голландия)
Макет: Буро Бойж, Маарсберген (Голландия)
Типография: Лайтин Сурс, Ла Верн, Теннесси (США)
Фото на обложке: Студия Клас Норг, Медемблик (Голландия)
Translation arranged by Flankó Press

Все права защищены. Никакая часть данной публикации не может быть воспроизведена или использована в любой форме и любыми средствами, электронными и механическими, включая фотокопирование, запись любой информационной системой хранения, или системой поиска информации, без предварительного письменного разрешения издателя. Автор защищает свои авторские права.

Содержание

Предисловие 7
Глава 1. Остаться или уйти? 9

ЧАСТЬ 1: ВОПРОСЫ, НЕОПРЕДЕЛЕННОСТЬ, СОМНЕНИЯ
Глава 2. Кризис христианства 24
Глава 3. Последние тенденции в адвентизме 39
Глава 4. Бог существует? На самом деле? 71
Глава 5. Могу ли я продолжать в это верить? 93

ЧАСТЬ 2: ВСТРЕЧА С СОМНЕНИЯМИ И ПОИСК ОТВЕТОВ
Глава 6. Шаг веры 124
Глава 7. Почему нам стоит остаться в церкви 155
Глава 8. Во что именно я должен верить? 175
Глава 9. Что делать с нашими сомнениями 200

Предисловие

Эта книга написана адвентистом седьмого дня для адвентистов седьмого дня. Но это не официальное издание церкви, и книга не была опубликована в церковном издательстве. На самом деле я даже не предпринимал попыток опубликовать эту книгу через официальные церковные каналы, хотя в прошлом, как правило, мои книги печатались в адвентистских издательствах. Эта книга отличается от других, и я знаю, как трудно будет тем, кто решает, что приемлемо для публикации в адвентистском издательстве, а что - нет, дать зеленый свет этой книге – даже если этот человек лично и будет желать ее издать. Я ценю предоставленную мне возможность опубликовать книгу в издательстве Фланко Пресс в городе Бинфилд, в Великобритании.

Моей целевой группой, для которой я написал эту книгу, является та часть адвентистской церкви, на которую я ссылаюсь как на «верующих на грани». Я писал специально для тех людей из нашего сообщества, которые имеют сомнения и опасения; для тех, кто задается вопросом, куда направляется наша церковь; и тех, кому сейчас трудно верить так, как они когда-то верили.

При этом я ставлю себя в уязвимое положение. Я собираюсь достаточно открыто поговорить о том, что в моей церкви есть много вещей, которые мне не нравятся; что у меня самого есть много сомнений и вопросов, на которые я не получил ответов; что я критически отношусь к некоторым церковным лидерам и тенденциям, за которыми я наблюдаю, и к направлениям, в сторону которых, кажется, идет основная часть церкви. Некоторым это может не понравиться, но я готов рискнуть, потому что я верю: то, что я должен сказать, может оказаться полезным для многих сомневающихся в нашей церкви.

Рукопись этой книги прочитали многие мои друзья и коллеги, и они сделали много полезных замечаний. Я очень ценю их вклад. Как всегда, рукопись прочитала моя жена Аафье, она удалила из книги некоторые опечатки и помогла мне улучшить текст. Я благодарен миссис Жонкиль Хоул, которая в очередной раз отредактировала еще одну из моих книг.

На первый взгляд, может показаться, что я негативно высказываюсь о многих вещах, происходящих в моей церкви, и что я пессимистично отношусь к ее будущему. Однако это будет неверным выводом. Я не собираюсь бросать свою церковь, но я стараюсь заглянуть в ее будущее. Я верю, что нынешние тучи могут уплыть и в конце концов могут задуть новые ветры. Последнее, что я хотел бы сделать этой книгой, - разочаровать читателей анализом кризиса, происходящего в христианстве в целом и в адвентизме в частности. Я буду чувствовать себя опустошенным, если моя книга отвратит людей от веры и от церкви. Наоборот, я все же надеюсь всем сердцем, что книга поможет, по крайней мере, некоторым читателям сделать новый «шаг веры», а затем приведет к их воссоединению с церковью.

Я написал эту книгу потому, что я серьезно переживаю обо всех тех, кто оказался «на грани». У меня нет иллюзий, что после ее прочтений у читателей вмиг улетучатся все сомнения. Однако я надеюсь и молюсь, что книга поможет тем, кто ее прочитает, расставить приоритеты в их опыте веры и в их связи с церковью, и они отважатся творчески развеять свои сомнения и неуверенность.

Зиволде, Голландия
Лето 2016 года.

ГЛАВА 1

Остаться или уйти?

Сейчас я уже несколько лет, как нахожусь на пенсии. Но, по крайней мере, до нынешнего момента, я вел достаточно активную жизнь. Я продолжаю проповедовать в адвентистских церквях во многих разных частях Голландии, страны, где я живу, а иногда это происходит и за рубежом. Я продолжаю преподавать на семинарах для пасторов в разных странах и участвую во многих церковных событиях. И я продолжаю писать, и благодаря этому могу видеть реакцию на происходящее из далеких и близких мест. Мой еженедельный блог[1] читают, по крайней мере, несколько тысяч людей со всего мира, и этот факт в особенности поможет многим понять, что я, как правило, довольно откровенно говорю о моей вере и о моей церкви.

Иногда люди говорят: «Теперь, когда ты уже на пенсии, ты, конечно, можешь быть более откровенен и говорить вещи, которые не мог позволить себе, если бы ты был активным служителем церкви». В этом может быть доля истины, но я – на протяжении всей моей жизни – был довольно откровенен, и никогда не пытался скрывать, что я думаю, и кем являюсь. Это совсем не значит, что человек всегда может говорить то, что он думает, везде и каждому. Честность не означает, что нужно делать глупости. Я всегда старался действовать ответственно, но сохранять при этом честность перед самим собой.

Но сегодня, больше чем когда-либо в прошлом, многие члены церкви адвентистов делятся со мной своими опасениями по поводу происходящего в церкви, и делятся своими сомнениями о своей вере и о конкретных традиционных адвентистских доктринах. Частично это объясняется тем, что они воспринимают меня как того, кто будет готов выслушать их без осуждения, и частично тем, что они чувствуют: во многих отношениях я и они – единомышленники со схожими сомнениями и проблемами. Но я считаю, что это не единственная, и даже не самая важная причина. Мы просто должны признать тот факт, что неуклонно растет число тех людей, кто испытывает трудности с принятием текущего положения дел в их церкви; тех, кто больше не может подписаться подо всем, чему их однажды учили под лозунгом «Истина»; и тех, кто больше не находит смысла во многом, происходящем в церкви.

Было бы очень заманчиво подробно опубликовать некоторые из историй, которые мои единоверцы – адвентисты рассказали мне в недавнем прошлом. Но я не хочу предавать доверие, которые эти люди оказали мне. Я хочу, чтобы они прочитали эту книгу, но я не хочу, чтобы они узнали себя в том, что они читают, и не боялись того, что другие узнают их. Всемирная семья адвентистов может быть достаточно большой, но в то же время она может оказаться удивительно маленькой, и я всегда изумляюсь тому, как много людей, оказывается, знают друг друга.

Многие из тех, кто говорили со мной, присылали мне сообщения по электронной почте, через Фейсбук, или связывались со мной другим путем, рассказывали, что они проходят через кризис веры и что они больше не могут верить в Бога, или, по крайней мере, в те вещи, которые им рассказывали о Боге раньше. Многие из тех, кто хорошо проинформирован о происходящем в церковной организации и о точке зрения некоторых руководителей церкви высокого уровня, потеряли всякое уважение к высшим эшелонам церкви. Другие открыто задаются вопросом, хотят ли они оставаться в церкви, которая, кажется, становится все более консервативной и фундаменталистской. Конкретные вопросы, такие как роль женщин в церкви и отношение церкви к геям и лесбиянкам, являются серьезными камнями преткновения для многочисленных членов церкви в западном мире – и не только там!

Я не готов отказаться от своей веры и хочу остаться частью адвентистской церкви. Но в этой книге я буду утверждать, что адвентистская церковь находится в кризисе огромных масштабов, и я не могу молчать о многих вещах, которые беспокоят меня в моей церкви, и о сомнениях, которые влияют на мою личную веру. Чтобы прояснить то, что я хочу сказать, в первую очередь необходимо описать общую картину происходящего в христианстве в целом. Это нужно для того, чтобы показать, что (несмотря на то что некоторые предпочитают не считать так) адвентистская церковь не живёт в роскошной изоляции, но является частью более обширного христианского мира и восприимчива к происходящему в нем.

ХРИСТИАНСКАЯ ЦЕРКОВЬ ПЕРЕЖИВАЕТ УПАДОК?

Мы должны признать неоспоримый факт того, что в сегодняшних условиях христианская церковь чувствует себя не лучшим образом. На самом деле во многих странах многочисленные церковные здания выставляются на аукционы, а церковные общины удивительно быстро либо распадаются любо объединяются с другими. Римско-католический епископ города Ультрехта, крупного голландского города, недавно сделал прогноз, что в следующие десять или пятнадцать лет одна тысяча церквей (или две трети от их общего количества) в его епархии будут закрыты![2] Кардинал Тимоти Долан, его коллега из Нью-Йорка, заявил, что почти треть из 368 приходов в его епархии в ближайшее время будут объединены с другими приходами или закроются навсегда[3].

Многие традиционные известные церкви находятся в тяжёлом состоянии, но, с другой стороны, некоторые христианские движения чувствуют себя на удивление неплохо. Современное пятидесятническое движение выросло из горстки обращённых в начале 1900-х годов до всемирной армии верующих, насчитывающей сотни миллионов христиан, или, по некоторым оценкам, до почти двадцати пяти процентов от всех христиан мира[4]. Большая часть этого роста происходит на Юге или в так называемых развивающихся странах, но харизматическое христианство заняло значительное место и на сокращающемся религиозном рынке западного мира. Существуют все основания полагать, что религия пятидесятников, с ее акцентом на религиозном опыте и отношениях («*Ты любишь Иисуса? Да, я люблю Иисуса!*») привлекает многих людей - представителей постмодернистского мира, находящихся в поисках религиозного пристанища, гораздо больше, чем детальное описание доктрин (*«Как вы определяете человеческую и божественную природы Христа?»*) Человек постмодерна, обратившийся к религии, прежде всего стремится не к интеллектуальным вопросам, а к опыту, который охватит всю его личность.

В то же время существует парадокс, который, на первый взгляд, трудно понять. То, что церковь на Юге, как правило, предпочитает довольно консервативное и фундаменталистское выражение веры, не выглядит сильно уж странно. Но значительная часть христианской церкви на западе, которой удалось выжить, продолжает находиться на «правой» стороне богословского спектра или постепенно смещается все дальше на эту «правую» сторону. Это легче всего заметить в Соединенных Штатах Америки, где влияние «религиозных правых» было очень сильным в течение многих лет. Тем не менее и в Европе продолжает расти значительное число консервативных церквей – включая многие пятидесятнические церкви – в то время как большинство наиболее либеральных конфессий переживают резкий спад. Нужно ли воспринимать это как своего рода протест против постмодернистского подхода, сопровождающегося легким отношением к доктринам, и против склонности ко вседозволенности в большей части современного христианства? По-видимому, существует сегмент христианства, люди в котором желают чувствовать свою принадлежность к чему-то, что они считают действительно ценным. Было высказано предположение, что многие представители традиционных церквей на самом деле теряют свою долю религиозного рынка не потому, что они требуют *слишком многого* от своих членов, но потому, что они требуют *слишком мало*[5].

Несмотря на то, что некоторые конфессии набирают силу, это не относится к христианской церкви в целом. И есть много причин, из-за которых институт церкви в западном мире становится меньше[6]. Люди эпохи постмодернизма склонны читать исторические документы христианства и удивляться, почему последователи Иисуса так мало похожи на своего Учителя в том, чтобы идти по Его следам[7]. Они наблюдают за историей религиозных войн и кровопролитий, читают о смертоносных крестовых походах и ужасной инквизиции. Они видят постоянное угнетение людей духовенством, которое зачастую бывает чрезвычайно успешно в набивании собственных карманов. Они отмечают частые внутренние противоречия в конфессиях, горечь богословских споров, религиозную ненависть и фанатизм. Мимо них не проходят бесконечные разделения церкви, которую Христос хотел сохранить единой. Не осталось незамеченным, что многие церковные лидеры отстранились от событий, когда в 1940-х хватали и отправляли в Освенцим и другие ужасные места евреев; когда церковные власти присоединялись к правящему классу и эксплуатировали бедных; когда многие белые христиане нашли библейские аргументы, чтобы защищать рабство, расизм и нечеловеческую политику *апартеида*.

Неудивительно, что церковь утратила большую часть своего авторитета в значительной части западного мира. Неудивительно и то, что многим людям сегодня сложно проявлять доверие и уважение к христианским общинам и священнослужителям в связи с тем, что христиане так активно участвовали в зверствах в Северной Ирландии или в геноциде в Руанде. Совсем недавние многочисленные случаи сексуальных злоупотреблений в Римско-католической церкви еще больше подрывают доверие к церкви и ее духовенству. Но прежде чем протестанты поддадутся искушению почувствовать нравственное превосходство, услышав об этих недавних скандалах в католической церкви, они должны вспомнить довольно колоритные истории о сексуальных похождениях некоторых своих известных телепроповедников. И совсем небольшие исследования продемонстрируют, что у протестантов тоже есть скелеты в церковных шкафах.

ОСТАТЬСЯ ИЛИ УЙТИ?

Несколько предыдущих параграфов рисуют поверхностную, но весьма обескураживающую картину той негативной реакции, с которой церкви приходится встречаться в современном мире. Но, несмотря на все, что происходит в церкви, многие христиане по-прежнему довольны своими общинами. Церковь остается важной частью их понимания того, кем они являются. Они активно трудятся и добровольно отдают значительную часть своего времени и жизни служению в своих общинах. Они щедро поддерживают финансами программы своих поместных церквей и миссионерские и гуманитарные проекты по всему миру. Они посещают богослужения иногда больше, чем раз в неделю. Они добросовестно и регулярно читают свои Библии, покупают религиозные книги и ДВД; они смотрят религиозные программы по телевидению и слушают религиозную музыку. Они рассказывают другим о своей вере и приглашают людей присоединиться к ним во время особенных событий в их церквях. *Они просто не могут представить своей жизни без церкви.*

Поэтому да, существует множество верующих христиан, которые хотят остаться в церкви. И это не то, в чем вы должны их убеждать. Они остаются не потому, что им не хватает инициативы или воображения рассмотреть другие варианты. Они остаются потому, что они этого хотят!

Однако существует стабильно растущая армия верующих – христиан, которые оставляют свою церковь. Большинство конфессий сообщают о постоянном оттоке своих членов – мужчин и женщин, которые отошли уже настолько далеко, что их объективно нельзя считать членами церкви ни в каком смысле этого слова. Представители руководства церквей во многих странах сообщают о растущем числе людей, которые осознанно решили заявить, чтобы их имена были удалены из церковных списков. Некоторые уходят из-за какого-то болезненного личного конфликта, который остался неразрешенным. Некоторые просто не могут повторно присоединиться к общине после переезда в другой город или в другую часть города, или после того как пережили серьезный разрыв в семейных отношениях. Некоторые решают, что услышанное в церкви больше не применимо к их повседневной жизни, или они считают растущие требования церкви к ним слишком завышенными или невозможными к исполнению. Другие осознают, что они больше не могут соглашаться с некоторыми церковными доктринами. Некоторые отходят от церкви, но все еще считают себя верующими. Небольшое количество людей уходят из христианства вообще и принимают нехристианскую веру. Таким образом, существует целый ряд причин, почему люди оставляют свою церковь.

Множество молодых людей, которые воспитывались в христианских семьях и ходили в церковь со своими родителями, решают идти собственным путем, когда становятся подростками или молодыми людьми. Многие родители, которые все еще считают важными веру и принадлежность к церкви, в этот момент испытывают весьма болезненный опыт, наблюдая за тем, как их дети избирают другой путь. В основных протестантских церквях Соединенных Штатов лишь тридцать семь процентов молодых людей остаются в церкви[8]. Исследование, проведенное *группой Барна*, обнаружило, что только полтора процента христиан в возрасте от 18 до 33 лет на самом деле сохраняют библейское мировоззрение[9]. Это еще один способ обнаружить для себя, что молодое поколение, по большому счету, стало совершенно постмодернистским. И это в значительной степени объясняет их незаинтересованность в том, чтобы быть частью религиозной организации или чтобы оставаться в ней[10].

Это совсем не означает, что оставление церкви – вопрос, который касается только молодых людей. Уходят люди всех возрастных групп, включая даже пасторов, вышедших на пенсию, иногда это случается после долгих десятилетий связи с церковью. А многие новообращенные в христианскую веру уходят вскоре после своего «обращения».

Люди, покидающие церкви, бросают вызов и римским католикам, и протестантам. От этой тенденции не освобожден и адвентизм, хотя кажется, что лишь недавно Церковь христиан – адвентистов седьмого дня пробудилась и обнаружила факты очень плачевного уровня удержания новых членов церкви. По мнению доктора Дэвида Трима, директора отдела архивов и статистики адвентистской церкви, сорок три человека из каждых ста крещенных оставляют церковь в последнее время[11]. Он также сообщает, что в последние годы адвентистская церковь должна была «очистить» свои записи и «исключила» почти шесть миллионов человек в период между 2000 и 2012 годами, потому что этих людей просто не было в церкви (и это число не включает количество умерших). С 1965 по конец 2014 года около тридцати трех миллионов людей были крещены и стали членами адвентистской церкви. За тот же самый период тринадцать миллионов из этих людей оставили церковь[12]. Эти печальные цифры не включают сотни тысяч молодых людей, которые выросли в церкви, но решили не принимать крещение и они, скорее раньше, чем позже, просто уйдут.

«НА ГРАНИ»

Остаться или уйти? Для многих эта дилемма уже решена. Они остаются, потому что они счастливы в церкви и чувствуют удовлетворение. Или же они уходят, потому что церковь для них больше не важна, или действительно стала для них чем-то очень негативным. Для многих других людей ситуация далеко не ясна. Можно сказать, что они являются верующими «на границе», или «на грани» церкви. Они находятся на ее краю. Многие колеблются, находясь рядом с дверью заднего выхода. Они все еще внутри, но интересно, как долго это продлится. Или они уже снаружи, но по-прежнему хорошо осведомлены о том, что происходит в церкви. Такие люди задают себе вопрос, представится ли им в будущем возможность, чтобы они снова стали активными членами церкви или чтобы они хотя бы просто сидели где-нибудь на задних рядах.

Существуют разные причины, по которым люди часто практически незаметно и медленно двигаются по направлению к задней двери. Они чувствуют возрастающее беспокойство, наблюдая за событиями, происходящими в их поместной церкви. Или же они устали от некоторых решений конфессии, к которой они принадлежат. Или же дело касается и того, и другого. Они могут все больше и больше беспокоиться о библейской основе для конкретных церковных доктрин. Некоторые чувствуют все возрастающие ограничения, которые церковь накладывает на их стиль жизни. У других людей просто не получается ужиться с ключевыми людьми в церкви. Некоторые постепенно начали читать Библию способом, который отличается от официально одобренного церковью *подхода к Писаниям, или даже начали сомневаться в основополагающих элементах христианской веры.*

Тем не менее многие колеблются в том, чтобы оборвать все свои связи с церковью. Они часто задаются вопросом: может быть, это с ними что-то не так? Что привело их на дорогу сомнений и побудило постепенно отдалиться от церкви? У многих большинство друзей и достаточно большая часть родственников остаются в церкви. Они боятся того, что уход из церкви вызовет хаос в их социальных связях. Это просто осложнит их отношения с членами семьи, или же они потеряют друзей на всю жизнь, и будет еще хуже? Действительно ли стоит рисковать этим?

ЭТА КНИГА ДЛЯ ВАС?

Я адвентист седьмого дня, член церкви христиан – адвентистов седьмого дня, и я всю жизнь проработал пастором. Я хочу быть искренним. Я хочу, чтобы эта книга оказала положительное влияние. Мне всегда было больно видеть, когда окружающие меня люди покидают мою церковь. Конечно же, я и сам глубоко обеспокоен некоторыми тенденциями, которые я наблюдаю в своей церкви. Но, как верующий человек, и как пастор, и как тот, кто всю свою жизнь посвятил служению церкви, я хочу сделать все, что могу, чтобы помочь сражающимся с сомнениями и неопределенностью.

Вопросы, с которыми столкнулась церковь адвентистов, и проблемы, с которыми встретились многие христиане - адвентисты, женщины и мужчины, не уникальны для адвентистов. В той или иной форме они широко распространены во всех христианских общинах, но в этой книге я в первую очередь обращаюсь к людям в адвентистском сообществе. Тем не менее, моя цель – не каждый адвентист. Я не окажу поддержку тем людям, которые глубоко укоренены в церкви. Я надеюсь, что эта группа людей займется чтением каких-нибудь других книг, которые я пишу время от времени, или будет укрепляться в посвящении и вере, когда я буду проповедовать в их общине. Эта книга – совсем не для них, хотя я и надеюсь, что многие приобретут ее, возможно, чтобы подарить ее кому-то еще, - тому, кто по их мнению, мог бы получить пользу от ее прочтения.

Эта книга также не предназначена для тех людей, которые покинули церковь давным-давно и больше не посещают никакую общину – адвентистскую или какой-то другой конфессии. Конечно же, если кто-то из людей, относящихся к этой категории, прочитает ее и найдет в ней что-то стоящее, тем лучше. Но я не обращался к ним, когда я писал эту книгу.

Я обращаюсь именно к тем христианам, которые не уверены, хотят ли они остаться, или же уйти; к тем, кто сомневается в том, есть ли у церкви что-то, что она им может предложить; к тем, у кого есть серьезные сомнения по поводу важных аспектов веры, в которой они выросли, или которую приняли как «истину»; к тем, у кого есть серьезные трудности с согласием с некоторыми тенденциями в церкви; и ко всем тем, кто чувствует, что больше не в состоянии рассматривать церковь в качестве своего истинного духовного дома.

Я не утверждаю, что у меня есть ответы на все вопросы, которые задает эта категория людей. У меня нет мгновенного «чудо-средства» для удаления всех сомнений и растворения всех неопределенностей. Я не могу, да и не буду защищать все решения, проекты и планы церкви. Иногда у меня самого было искушение двигаться по направлению к заднему выходу из церкви. Я не согласен с некоторыми аспектами традиционного адвентистского богословия, и я отказываюсь читать Библию буквалистским (и часто, фундаменталистским) способом, который так популярен в эти дни. Поэтому я не представлю вам инструкцию с простыми ответами, которые подскажут вам, как избавиться от всех ваших сомнений, и через несколько минут восстановят ваше доверие к церкви как к организации, а также дадут вам уверенность во всех тех людях, которые руководят ей или работают в ней.

Позвольте мне повторить это: я постараюсь быть абсолютно честным перед самим собой и перед вами, читатель. Я надеюсь, что чтение этой книги станет значимым и полезным делом для вас. Что касается меня, *я хочу остаться в моей церкви*. И, что еще более важно, *я не хочу потерять мою веру*.

Когда я уже рассматривал возможность написания этой книги, мне рассказали о маленькой книжке, которая только что появилась в Австралии. Я купил себе экземпляр в адвентистском книжном центре в Мельбурне, когда я путешествовал по этой стране. Я прочитал ее с большим интересом, тем более, что она повторяла многие из моих собственных мыслей и чувств. Название этой книги: «*Почему я пытаюсь верить*», и написал ее Натан Браун, руководитель адвентистского издательства в Австралии[13]. Через неделю после того, как я прочитал книгу, мне удалось пообедать с автором, и мы сравнили заметки о том, что схоже в наших духовных путешествиях. Предисловие к книге Натана Брауна написал Райан Белл, бывший служитель адвентистской церкви в Голливуде (США), который решил прожить год как атеист. Он не знал, куда этот опыт может его привести или как его может изменить его атеистический проект. Конечно же, этот проект не был событием, которое он задумал в один день и выполнил на следующий. Я знаю лишь фрагменты из личной истории Белла, из мнений, что высказывали люди, которые его знают, и из наблюдения за его страницей в Фейсбуке, но я подозреваю, что его решение стало кульминацией долгого и мучительного процесса. К сегодняшнему дню прошло уже несколько лет после того, как Белл начал свой эксперимент. Он часто пишет о своем опыте и выступает, рассказывая о нем. Ясно, что он не завершил свой эксперимент с атеизмом через двенадцать месяцев. Насколько мне удалось выяснить с расстояния, на котором я нахожусь, кажется, что он продолжает жить как атеист с тех пор, как он начал свой экспериментальный год.

Натан Браун и Райан Белл долгие годы были друзьями. Натан признает, что у него есть множество сомнений, но он намеренно выбрал другой маршрут, чем его друг Райан. Он не хочет отвергать веру, но желает попытаться верить, несмотря на многочисленные сомнения и неопределенность, и он надеется, что его открытость и честность простимулирует его слушателей, чтобы они поверили в новый шанс для своей жизни. Я лично получил большую пользу от прочтения его книги. Я пишу с другой точки зрения, но я разделяю ту же самую надежду.

Я не знаю, что сможет сделать моя книга для тех, кто ее прочитает. Поможет ли она хотя бы некоторым людям продолжить их попытки верить? Сможем ли мы вместе исследовать некоторые способы, что помогут нам надеяться и созидательно разрешать наши сомнения и вопросы? Поможет ли книга хотя бы нескольким читателям, относиться к своей церкви по-новому, более осмысленно, несмотря на те моменты, когда происходящие вещи кажутся полностью бессмысленными или совершенно неправильными? Убедит ли она хотя бы нескольких людей, что Бог по-прежнему важен для них, и что чтение Его Слова все еще может вдохновлять их и их веру – слабую и колеблющуюся – и может принести мир их душам? Я надеюсь, что это так. Если такое произойдет, я буду чувствовать себя вознагражденным. Более того, я ожидаю, что этот проект окажет благое действие и на мою душу Потому что я сам являюсь целевой аудиторией этой книги, как и люди, которых я только что описал.

---

1 www.reinderbruinsma.com
2 http://www.thetablet.co.uk/news/170/0/1-000-catholic-churches-in-holland-to-close-by-2025-pope-warned.
3 http://www.huffingtonpost.com/2014/11/05/catholic-church-new-york-closing_n_6097300.html.
4 Mark A. Knoll, *Turning Points: Decisive Moments in the History of Christianity* (Grand Rapids, MI: Baker Academic, 1997), p. 299.
5 Dean Kelly, *Why Conservative Churches Are Still Growing* (New York: Harper and Row, 1972), pp. 95, 96.
6 См. главу 'Why "Mainline" Denominations Decline' in: Roger Finke and Rodney Stark: *The Churching of America 1776-1990: Winners and Losers in our Religious Economy* (New Brunswick, NJ: Rutgers University Press, 1992), pp. 237-275.
7 Об убедительном и интригующем лечении 'проблемы с имиджем' христианства у нынешнего молодого поколения, см. David Kinnaman and Gabe Lyons, *Un-*

Christian: What a New Generation Really Thinks about Christianity (Grand Rapids, MI: Baker Books, 2007), and Dan Kimball, *They Like Jesus but not the Church: Insights from Emerging Generations* (Grand Rapids, MI: Zondervan, 2007).
8 http://edition.cnn.com/2015/05/12/living/pew-religion-study/
9 Группа Барна – это известная организация, проводящая статистические исследования в Соединенных Штатах, которая делает фокусом своих исследований вопросы взаимоотношений веры и культуры.
10 http://www.gotquestions.org/falling-away.html.
11 На 2016 год это число достигло 49 человек из 100 http://www.adventistreview.org/church-news/story4451-every-adventist-urged-to-help-stem-membership-losses.
12 https://news.adventist.org/en/all-news/news/go/2015-10-13/church-accounts-for-lost-members/.
13 Nathan Brown, *Why I Try to Believe: An Experiment in Faith, Life and Stubborn Hope* (Warburton, Australia: Signs Publishing, 2015).

ЧАСТЬ 1

Вопросы, неопределенность, сомнения

ГЛАВА 2
Кризис христианства

ЗАКЛАДЫВАНИЕ ОСНОВ

Когда я был ребенком, наша семья жила в деревне, расположенной где-то в 20 милях (35 километров) на север от Амстердама. Все население деревни, насчитывавшее где-то тысячу человек, на сто процентов относилось к белой расе. Насколько я могу знать, все жители были голландцами по национальности. Большинство людей отнесли бы себя к людям религиозным. Те из них, кто не принадлежал ни к какой церкви, были исключением и не вписывались в общую социальную картину. На шестьдесят процентов население деревни было протестантским и на сорок процентов – римско-католическим. Католики, как правило, жили в одной части деревни. Протестанты делились на две конфессии: голландская реформатская церковь и христианская реформатская церковь. К двум аномалиям на этом фоне относились пожилая женщина, которая стала Свидетелем Иеговы, и наша семья. Мы были адвентистами седьмого дня. Люди знали, что мы были своего рода протестантами, более или менее похожими на людей из христианской реформатской церкви, но по какой-то странной причине посещали церковь где-то в соседнем городе и делали это не по воскресеньям, а по субботам. Как и многие другие небольшие поселения в Голландии, наша деревня характеризовалась большой степенью проживания людей вместе по религиозному признаку. Протестантские дети не играли с мальчиками и девочками – католиками. Католики, как правило, поддерживали бизнес лишь тех магазинов, которыми владели их соратники по вере. И так было во всем.

Я понимаю, что большие поселения и города моей родной страны, Голландии, демонстрировали несколько иную картину. Но, по большому счету, в те не так давно ушедшие дни, «когда я был молод», общественная жизнь была гораздо проще и гораздо более прозрачна, чем сегодня. Людей иностранного происхождения было мало, и жили оно далеко друг от друга. Моя страна была христианской, за исключением нескольких верующих – иудеев, которые пережили вторую мировую войну, и небольшой группы «неверящих». Мечетей и храмов индуистов практически нигде не было, и темнокожие люди были редкостью. Около одной трети всех голландцев составляли католики, большинство других принадлежали к половине десятка основных протестантских конфессий.

Все это происходило всего лишь полвека назад. Сейчас картина резко изменилась. После нескольких повторяющихся наплывов эмигрантов Голландия стала чрезвычайно разнообразной нацией. Сейчас, во второй декаде двадцать первого столетия, больше девятнадцати процентов из приблизительно семнадцати миллионов голландцев имеют не европейское происхождение. В это же время многие наши «европейцы» могут иметь испанские, португальские, греческие, венгерские и другие корни. В то время как тридцать один процент населения продолжает исповедовать свою приверженность к римско-католической церкви, лишь двадцать один процент людей сегодня считает себя протестантами, хотя и их вовлеченность в церковную жизнь зачастую стала весьма номинальной. Сегодня один из двадцати пяти человек в Голландии – мусульманин, и такой же процент людей принадлежит к другим нехристианским конфессиям. Сорок процентов населения больше не чувствуют своей принадлежности к какой-либо религиозной общине совсем.

Это картина страны в целом[1]. Ситуация в некоторых крупных городах, однако, гораздо более драматичная. Возьмем, к примеру, Роттердам, где вы найдете 175 разных национальностей. Всего лишь сорок восемь процентов сегодняшних жителей Роттердама родились в Голландии. Статистические данные по Амстердаму очень схожи.

Помимо этнического и культурного смешения необратимым фактом жизни в двадцать первом веке стало *религиозное* разнообразие. Только семнадцать процентов населения столицы Голландии считают себя христианами. Набрав 14 процентов сторонников среди населения, вера мусульман стала второй по величине религией в Амстердаме, и, как ожидается, скоро она станет самой большой. Помимо мечетей и нескольких синагог в городе теперь есть буддистские храмы и молитвенные дома целого ряда других нехристианских религий. В то же самое время многие коренные жители страны демонстрируют, что они не имеют никакой религиозной принадлежности[2]. Тем не менее секуляризм еще не выиграл битву в некоторых частях города. Когда в 1960-х и 1970-х был спроектирован и построен район Балмор на юго-востоке Амстердама, для строительства религиозных зданий не было зарезервировано ни одного участка. Сегодня стало очевидным, что это было серьезным просчетом и теперь стало настоящей проблемой, потому что в этом районе города в настоящее время находится самая религиозная часть страны. К этому привели последовательные волны эмиграции, особенно из карибского и африканских регионов, которые принесли с собой богатое разнообразие религиозного самовыражения.

ЗАПАДНЫЙ МИР ИЗМЕНИЛСЯ

То, что произошло в Голландии, имеет место и во многих других частях западного мира. Крупные города западной Европы, Соединенных Штатов, Канады и Австралии стали полностью космополитичными. В то время как 18,2 процента жителей Нью-Йорка в 1970-х имели иностранное происхождение, к 2014 году их количество выросло до отметки выше тридцати семи процентов[3]. Подобное движение можно увидеть, к примеру, и в Торонто в Канаде. Согласно данным *национального исследования домашних хозяйств* от 2011 года, опубликованным *Статистическим управлением Канады*, 48,6 процентов жителей Торонто имеют иностранное происхождение, что делает Торонто одним из самых разнородных городов мира[4]. В Мельбурне (Австралия) тридцать восемь процентов из 4,3 миллионов жителей родились за рубежом. Немного поискав в *Гугле*, вы обнаружите аналогичные показатели во многих других крупных городах США и таких европейских городах как Париж, Лондон, Брюссель и многих других населенных пунктах. Для стран целиком эти показатели ниже, но тем не менее очень серьезны, и они продолжают подниматься. В 2014 году более четырнадцати процентов людей, живших в Великобритании, имели иностранное происхождение. Половина из них, или около трех миллионов человек, живет в Лондоне. Один из каждых четырех австралийцев родился в другом месте, в то время как в США этот показатель составляет почти четырнадцать процентов[5].

Религиозное разнообразие в западном мире увеличивается более резко. Хотя в течение нескольких прошлых столетий христиане принимали активное участие в распространении благой вести Христа «до краев земли» и результатом этого стало принятие Христа сотнями миллионов людей как в западном мире, так и в других странах, но процент христиан в общем числе мирового населения сколько-нибудь не увеличился. Надежные статистические данные свидетельствуют о том, что в 1900 году около трети населения нашей планеты считали себя христианами. В начале нынешнего столетия все было похожим образом[6].

Но, хотя глобальный процент христиан остается стабильным в течение последних нескольких поколений, христианство потеряло свою преобладающую силу в западном мире, который сегодня называют еще *Севером*, что контрастирует с развивающимся миром, который сегодня называют *Югом*. Одним из самых важных событий в современной христианской истории было смещение христианского присутствия и влияния с Севера на Юг. По словам Филиппа Джекинса, авторитетного исследователя тенденций современного религиозного мира, движение христианства с Севера на Юг на самом деле является глобальным явлением[7]. Несмотря на значительный рост численности населения за период с 1910 по 2014 год, общее число христиан на Севере изменилось лишь незначительно – с 502 миллионов до 509 миллионов. Это контрастирует с христианством на Юге. В лучшем случае число христиан на Юге в 1910 году было 856 миллионов, в то время как столетием спустя их количество выросло до 1,3 миллиарда человек.

Католические эксперты подсчитали, что к 2025 году общее количество католиков в Европе и Северной Америке останется на том же уровне, что был в 2000 году. А вот в Африке, как ожидается, число католиков вырастет за этот 25-летний период со 120 миллионов до 228 миллионов, в Латинской Америке с 461 миллиона до 606 миллионов, и в Азии со 110 миллионов до 160 миллионов!

Подобная модель развития явно присутствует и в церкви адвентистов седьмого дня. С 1980 года количество членов церкви в Северной Америке удвоилось, в то время как в Европе оно увеличилось на тридцать процентов. Большая часть этого роста имеет отношение к иммиграции. Но учтите, что в тот же период времени членство в Интер-Американском дивизионе увеличилось с 646 000 до 3,5 миллионов человек. Удивительные темпы роста были также замечены в Южной Америке и Африке, где членство в 2015 году выросло для Южной Америки более чем в пять раз и, соответственно, для Африки в десять раз по сравнению с 1980 годом[8].

Возможно, еще более значимыми, чем статистические данные о количестве христиан на Севере, являются данные о средней посещаемости церкви. Обнаружить надежные данные по этому количеству невероятно трудно. Многие конфессии очень неохотно делятся этой информацией, в то же время многие церкви, как правило, завышают число посещений церкви вместо того, чтобы назвать реальные цифры. Но те цифры, которые можно найти, выглядят довольно тревожно. Будет достаточно привести несколько примеров, которые проиллюстрируют то, что происходит. Дания имеет самый низкий процент людей в Европе, более-менее регулярно посещающих церковь, их там около 2,5 процентов. Но другие скандинавские страны имеют не намного больший процент регулярных посетителей церквей[9]. В Польше – одной из самых религиозных стран Европы – число людей, регулярно посещающих мессу, упало с пятидесяти трех процентов в 1987 году до менее чем сорока процентов в настоящее время[10]. Несмотря на то что недавние волны эмиграции несколько увеличили посещаемость церкви в Объединенном Королевстве, большинство отчетов о посещаемости церкви показывают числа всего лишь из одной цифры. В то время как некоторые опросы в США говорят, что около сорока процентов населения страны все еще регулярно посещают церковь, другие отчеты указывают, что этот процент, вероятно, в два раза меньше названной цифры[11]. Гораздо меньший процент относится и к населению Австралии. В это же время количество людей в западном мире, которые открыто заявляют о себе как об атеистах или агностиках, быстро растет. *Международное исследование Гэллапа,* проведенное в 2012 году, обнаружило, что в пятидесяти семи странах не меньше, чем тринадцать процентов респондентов заявили, что они «убежденные атеисты». Аналогичный процент был выявлен в результате опроса, проведенного в шестидесяти пяти странах в 2015 году[12].

НАИБОЛЕЕ ФУНДАМЕНТАЛЬНЫЕ ИЗМЕНЕНИЯ

Мир, в котором мы живем, коренным образом изменился из-за другой, еще более основополагающей перемены. Без преувеличения можно сказать, что мир – в частности, западная его часть, - перешагнул в новую эру. Или, используя термины, которые стали частью современного жаргона, эпоха *модерна* уступила свое место *постмодернизму*.

Нет недостатка в литературе, которая перечисляет основные характеристики мужчин и женщин эпохи постмодернизма. Те, кто заинтересован в более глубоком исследовании этого вопроса, могут прочитать исследования по этой теме[13]. Здесь же я лишь суммирую некоторые самые заметные аспекты подхода постмодернистов к жизни.

1. В течение долгого периода времени люди верили в *непрерывный прогресс*. Они считали, что наука будет делать нашу жизнь лучше и лучше. Эта идея прогресса в настоящее время стала делом прошлого. Мир просто столкнулся лицом к лицу со слишком большим числом проблем, и наука уже не кажется абсолютным благословением, как люди считали раньше.
2. Ученые теперь стали более скромны в своих заявлениях, чем они были в прошлом. Они признают, что часто видят лишь то, что хотят обнаружить и что во многих из так называемых *оснований науки* нельзя быть настолько уверенными, как раньше.
3. Прошлые поколения верили в *абсолютные истины*. Идеи были или истинными или ложными. Люди искали Истину. Сегодня для большинства людей нет таких абсолютов. Они утверждают, что у них есть своя, личная *истина*. Сообщества и культуры имеют свои

собственные «языковые игры» и свои собственные пути действия. Все субъективно, относительно, неопределенно, предварительно и неоднозначно.
4. Если нет одной абсолютной истины, то на каком основании христиане могут утверждать, что их религия более «истинна», чем, к примеру, ислам или растафарианство? Почему Библию нужно предпочесть Книге Мормона или Корану?
5. *Великие истории* (так называемый метанарратив) и великие идеалы прошлого, такие как коммунизм, социализм, капитализм и в христианство, потеряли свою силу. У нас больше нет «историй», которые могли бы служить основой для всего, что мы говорим и как действуем. Мы должны довольствоваться более ограниченными, частичными объяснениями, которые нужно постоянно пересматривать.
6. Люди эпохи постмодернизма любят *соединять несовместимые элементы.* В архитектуре и искусстве мы видим определенный интерес к обобщению, смешению художественных стилей, к размыванию границ между реальной жизнью и вымыслом, между реальным и виртуальным.
7. Люди все больше и больше понимают, что они живут в *глобальной деревне.* Компьютер - главный символ постмодернизма - дает им мгновенный доступ ко всему миру. Но в то же самое время *глобальные* стратегии и объединения находятся у них под подозрением, и существует растущий интерес к *местным* и региональным вещам.
8. Возможно, наиболее важным для контекста, который мы обсуждаем в этой книге, будет факт того, что постмодернист имеет сильную неприязнь к *религиозным институтам,* с их иерархической властной структурой, негибким вероучением и забетонированными доктринами, которых все должны придерживаться.
9. В связи с этим нежеланием оказаться вовлеченными в организацию – религиозную, или какую-то еще, - постмодернистов отличает нерешительность для вхождения в глубокие и длительные *обязательства.* Это сильно влияет на жизнеспособность клубов

и сообществ, но также и на личные отношения и на поддержку деятельности церкви.
10. Верующие – постмодернисты хотят *искать и выбирать*. Они принимают вещи, с которыми они согласны, но отказываются от доктрин и религиозных традиций, которые не относятся к ним (или больше не относятся к ним).
11. Тем не менее постмодернисты *открыты для духовности*. Они хорошо воспринимают таинства. Среди них популярен нерациональный подход к вопросам жизни, такой, как в движении Нью-Эйдж. Акцент с религиозной *истины*, закодированный в доктрине, сместился к личному *опыту*.

После того как вы определите основные характеристики мышления постмодернистов, вы увидите влияние постмодернистского мышления во всем мире. Посмотрите на некоторые современные здания в западных городах: это больше не «модернистские» здания, похожие на коробки, не монотонные конструкции из бетона, стали и стекла. Вернулись орнаменты, объединяются стили из разных эпох, так что постмодернистские здания могут рассказать «свою собственную историю» вместо того, чтобы передавать «модернистскую» идею власти, порядка и эффективности. Вы также легко сможете обнаружить постмодернистские тенденции во многих современных романах, где сочетаются истории из разных периодов и (или) реальные жизненные ситуации перемешаны с миром фантазий. И вы заметите эти идеи в фильмах, которые заставят вас задуматься, где заканчивается история и начинается фантазия. Вы найдете двусмысленность на политической арене, например, в некоторых частях Европы, где большинство населения поддерживают некоторые формы Европейского единства, но в то же самое время они будут делать все возможное, чтобы защитить свой национальный суверенитет и местную культуру (и часто, местный диалект).

Можно легко обнаружить постмодернистский подход многих жителей «Запада» к религии и к церкви. Их абсолютные утверждения об истине в значительной степени заменены на то, «что подходит мне лично». Многие исследователи Библии утверждают, что существует столько легитимных способов толкования Библии, сколько существует её читателей. *В Западном мире христианство стало просто одним вариантом среди целого ряда мировых религий*. Все они считаются одинаково годными и исторически и культурно обусловленными ответами человеческого сознания таинственному Потустороннему!

НЕМНОГО ИСТОРИИ

Важно осознавать, в каком мире мы сегодня живем и частью какого общества мы являемся в этот день и год. Но также важно знать хоть немного фактов из нашей истории. Джон Майкл Крайтон (1942-2008), американский автор научно – фантастических книг, продюсер фильмов и телевизионных программ, процитировал слова профессора Джонсона (персонажа своей книги «*Стрела времени*»): «Если вы не знаете историю, вы не знаете ничего. Вы тот листок, который не понимает, что когда-то он был частью дерева»[14]. Эта прописная истина относится ко всем сферам жизни и, несомненно, также к области религии и церкви. Здраво обсуждать религиозные вопросы и текущие тенденции в религиозной и церковной жизни возможно лишь, если мы поместим эти вопросы в какие-то исторические рамки. Понять то, что происходит с современной церковью, невозможно, если вы ничего не знаете об ее истории, ее прошлом жизненном опыте и ее взлетах и падениях. Чтобы осознать, что происходит в религиозном мире в наши дни и в наш век (то, что мы кратко рассмотрели в первой главе), и чтобы понять что-нибудь о новых способах исповедания религии огромным числом людей в западном мире двадцать первого века, нам нужно, как минимум, минимальное знание церковной истории.

Чтобы адвентисты седьмого дня могли понять нынешние тенденции в своей церкви и то, как многие члены церкви реагируют на эти события, нужно понять, как их конфессия вписывается в более широкий масштаб всего христианства и, в частности, в протестантизм. Чтобы разобраться в вопросах, которые будут занимать важное место в этой книге, нужно иметь некоторые знания о происхождении и развитии адвентизма, но также и о прошлом всего христианства и об общем фоне религиозного климата в современном постмодернистском мире.

ПУТАНИЦА СОБЫТИЙ

История христианства представлена нам очень смешанной путаницей явлений и событий. Новый Завет изображает молодую церковь живой общиной, которая за несколько десятилетий распространилась во многие части Ближнего Востока и Европы и даже дальше, в Азию и Африку. Этот феноменальный рост церкви происходил не без проблем и сложных задач. И хотя слова Павла стоит воспринимать как литературное преувеличение, они свидетельствуют о том, что имело место нечто необыкновенное. Он писал церкви в Колоссах, что Евангелие было возвещено «всей твари поднебесной» (Колоссянам 1:21).

В последующие несколько столетий рост церкви продолжался. Развивалось христианское богословие – отчасти из-за всплывших странных идей, которые нужно было исправить, и отчасти из-за многочисленных вопросов, на которые нужно было ответить. Авторы христианских документов второго и третьего веков и так называемые «отцы церкви» последующих столетий создали устройство богословия и организацию церкви. Было принято соглашение в том, какие книги стоит считать «богодухновенным» Писанием. Были выработаны основные христианские доктрины о природе Бога и тайне Троицы, о том, каким образом Божественная и человеческая природа Христа были объединены в одной уникальной Личности, о личности Святого Духа и основе нашего спасения. В разных местах появились сильные лидеры, властью и авторитетом стали пользоваться несколько центров христианства, среди которых видное место занял Рим.

Церковь вступила в новую фазу своей истории, когда в четвертом столетии римский император Константин дал христианству привилегированный статус в своей империи. Последующие события докажут, что это было сомнительным благословением для церкви. Это позволяло христианству распространяться дальше, не опасаясь периодических гонений, которые причинили столько трудностей и стоили церкви столько жизней. Но это событие все больше связывало церковь с мирской политикой со всеми вытекающими из этого негативными последствиями.

Со временем церковь развилась в средневековую, с заметной ролью в ней Римского епископа, что привело к росту папства как наиболее авторитетного центра власти. Во многих местах чистота Христова Евангелия была разбавлена до жалкой смеси подлинной веры и языческих суеверий. Языческие народы обращались в христианство часто под воздействием внешней силы, а не из-за внутренних убеждений, при этом многие нехристианские идеи и обычаи вошли в церковь. В это же время богословы часто попадали под чрезмерное влияние произведений, написанных нехристианскими философами классической эпохи – влияние, которое можно обнаружить даже во многих частях современного богословия. Лидеры церкви были больше озабочены приобретением власти и богатства и победой в сражениях за политическое влияние, чем осуществлением хорошей пасторской заботы о людях, вверенных их попечению. Люди не получали необходимого обучения в сфере религии. Поэтому часто желание быть истинным учеником Христа заграждалось безнравственностью и политическими интригами.

В свое время это печальное положение вещей вдохновило подъем различных реформационных движений, ведомых такими мужественными людьми, как Джон Уиклиф и Ян Гус (также часто упоминающийся в книгах как Джон Гус). В конечном счете это привело к «Реформации» церкви в шестнадцатом столетии. Эта Реформация не только привела к повторному открытию славного факта о том, что мы спасены благодатью, а не нашими собственными делами, не с помощью вмешательства священников и духовенства и не за денежную оплату. Кроме этого, Реформация вернула Библию простым людям и выразила протест (отсюда и возникло имя протестанты) против многих злоупотреблений и неправильных учений, которые вкрались в церковь. Некоторые реформаторы являлись более радикальными, чем другие, и задним числом следует признать, что многие аспекты веры, которые нужно было реформировать, были тогда пропущены или проигнорированы. В последующие столетия стало несомненно очевидно, что церковь должна продолжать путь дальнейшего восстановления учения Иисуса Христа. Как сказал Мартин Лютер, церковь «*semper reformanda*» – всегда нуждается в дальнейшем реформировании.

«Церковь Рима» также осознала, что ей нужны перемены, и некоторые изменения были на самом деле осуществлены во время так называемой контрреформации. Но глубокий раскол между католицизмом и протестантизмом стал для христианства бесповоротной реальностью. До этого в христианстве уже существовала схизма 1054 года, которая вызвала постоянный разрыв между православными церквями Востока и церковью Запада.

Римский католицизм достаточно успешно сохранил многочисленные разновидности своего опыта под своим экклезиологическим зонтиком в таких учреждениях, например, как монашеские ордена самого широкого диапазона. Римская церковь переживала периоды подъема, но также и времена упадка и относительной слабости. Трагично, что протестантский мир с самого начала так никогда и не выступал единым фронтом. Лютеранство и кальвинизм развивались различными путями, и фрагментация протестантского христианства на многочисленные конфессии продолжается до сих пор, несмотря на некоторые успехи в воссоединении, полученные в результате экуменических усилий.

Несмотря на все богословские различия и широкое разнообразие в способах управления церковью и в практике, многие протестантские конфессии можно отнести к нескольким основным ветвям: традиционные «консервативные» церкви; традиционные, но более «либеральные» церкви; евангеликалы; появившиеся совсем недавно быстро растущие церкви пятидесятницы. Периоды упадка и духовного застоя сменяются волнами возрождения и всплесками миссионерской активности. Так можно было охарактеризовать большую часть протестантизма девятнадцатого века. Адвентизм появился на свет из одного из главных движений возрождения в Соединенных Штатах в середине девятнадцатого века. Деятельность Уильяма Миллера (1782-1849) была важной частью заключительной фазы второго великого возрождения американского христианства. Хотя Церковь христиан – адвентистов седьмого дня переросла свое миллеритское происхождение, она никогда не теряла свой американский характер и до сих пор демонстрирует много отпечатков той окружающей среды, в которой она появилась на свет и развивалась.

В двадцатом веке и в первые годы двадцать первого столетия христианство продолжает вдохновлять миллионы людей по всему земному шару. Организованное христианство продолжает предлагать людям завораживающий список идей, дел и служений. Миссия по-прежнему остается для церкви крупнейшим предприятием, как нам показывают это статистические данные, говорящие о количестве миссионерских организаций, их бюджетах и о численности миссионеров. Но теперь христианство должно все более успешно конкурировать с другими религиозными и не религиозными мировоззрениями – даже на тех территориях, где на протяжении долгого времени оно имело неоспоримое влияние. Быстрый и всеобъемлющий процесс секуляризации и появление еле различимой – а иногда вполне явной – постмодернистской культуры, становятся чрезвычайно сложной задачей для христианской веры и для церковных организаций и институтов. Все это повлияло на адвентизм гораздо сильнее, чем осознают многие его лидеры или его приверженцы на церковных скамьях.

Этот краткий очерк по истории двадцати веков, конечно же, не только очень поверхностен и неполон, но он также не в состоянии уделить справедливое внимание многим явлениям, идеям и личностям, которые были частью этой истории. Рассказы о мрачнейших периодах истории прошлого христианства, скандалы с Борджиа, хроники инквизиции, злоупотребления симонией[15] и индульгенциями, конечно же, не дадут нам полную и точную картину происходившего. Даже в самые темные периоды прошлого женщины и мужчины жили и работали в церкви и для церкви с большим посвящением и огромной личной жертвенностью. Тогда были созданы прекрасные произведения искусства и написаны вдохновляющие духовные книги. Мы обязаны работам проницательных и блестящих богословов всех столетий. Мы находим вдохновляющие примеры для подражания в жизни многих мистиков, духовных новаторов и общественных деятелей прошлого. Такие люди, как Августин, Ансельм, Абеляр, святой Франциск Ассизский, Хильдегард фон Бинген, Джон Уэсли, Джонатан

Эдвардс и многие другие проявились как подлинные последователи Христа, хотя некоторые их богословские взгляды и методы могут показаться нам сомнительными. С другой стороны, некоторые идеи и действия героев – протестантов, таких как Мартин Лютер и Джон Кальвин, были абсолютно ужасными. Роль Лютера в некоторых политических столкновениях его дней была очень прискорбной, а его антисемитизм большинство современных протестантов находят отвратительным. Жан Кальвин известен не только за свой ценный богословский вклад в христианскую церковь, но и за свою роль в казни Мигеля Сервета, который не был согласен с его богословием. Это картина великого мужества и духовных озарений в сочетании со значительными провалами в понимании и с богословскими ошибками характеризует большинство лидеров церкви прошлого – даже тех, кто внес значительный вклад в дело христианства.

В следующей главе мы отойдем от взгляда на церковь в целом и сосредоточимся на текущем состоянии адвентизма. Не все в нем хорошо, и я считаю, что мы на самом деле можем говорить о его кризисе. В то время как есть много хороших вещей и много элементов, которые мы должны защитить и сохранить на будущее, есть вопросы, от которых многие члены церкви адвентистов с полным основанием хотят дистанцироваться. Я отношу и себя к таким людям. И для тех многих, кто находится «на границе» церкви, вопрос заключается в том, перевесят ли хорошие тенденции те вещи, которые они считают проблемными или плохими.

1 http://www.amsterdam.info/netherlands/population/.
2 http://www.iamsterdam.com/en/local/about-amsterdam/people-culture/religion-spirituality.
3 http://www.nyc.gov/html/dcp/pdf/census/nny2013/chapter2.pdf.
4 https://en.wikipedia.org/wiki/Demographics_of_Toronto.
5 http://www.usatoday.com/story/news/2015/09/28/us-foreign-born-population-nears-high/72814674/.
6 Эту статистику собирают несколько специализированных агенств. Хорошим, ежегодно обновляемым источником считается International Bulletin of Missionary Research.
7 Philip Jenkins, *The Next Christendom: The Coming of Global Christianity* (New York: Oxford University Press, 2011).
8 Сайт отдела архивов и статистики, откуда были взяты эти данные: https://www.adventistarchives.org
9 https://viaintegra.wordpress.com/european-church-attendance/.
10 http://worldnews.nbcnews.com/_news/2013/03/05/17184588.
11 http://www.churchleaders.com/pastors/pastor-articles/139575-7-startling-facts-an-up-close-look-at-church-attendance-in-america.html.
12 https://en.wikipedia.org/wiki/Demographics_of_atheism.
13 Смотрите мою книгу, которую можно скачать на сайте Amazon.com: *Present Truth Revisited: An Adventist Perspective on Postmodernism,* 2014.
14 http://www.brainyquote.com/quotes/topics/topic_history.html#GxsDIcsLvCTD3HqI.99.
15 Симония – это приобретение церковной должности для себя или своего родственника. Термин происходит из истории, описанной в 8 главе книги Деяний.

ГЛАВА 3

Последние тенденции в адвентизме

Большинство адвентистов седьмого дня, которые изучали историю своего движения, выражают глубокую признательность за многие замечательные и вдохновляющие вещи, происходившие в его прошлом. Действительно, тому есть много причин, которые поражают воображение. Например, рост адвентистской церкви. Из горстки разочарованных мужчин и женщин, живших в сельской местности на северо-востоке Америки, которые были сбиты с толку ожиданием несостоявшегося возвращения Иисуса Христа в 1844 году, возникла церковь с более чем 19 миллионами крещеных членов, которая присутствует более чем в двухстах странах. Но анналы адвентистской истории содержат и темные страницы, на которых нет картины последовательных и мудрых решений, богословской проницательности, истинного самопожертвования и подлинного посвящения. У нас проходили уродливые богословские битвы, и порой мы видели ужасную борьбу за власть. Церковь действовала успешно, но время от времени главные инициативы приходилось прекращать, и не все ее учреждения смогли процветать или даже просто выжить.

Ниже мы более подробно посмотрим на некоторые из этих вещей. Но позвольте мне прежде на этом этапе пояснить, что когда я говорю некоторые негативные вещи о христианстве в целом, я делаю это не потому, что я отказался от христианской веры или больше не разделяю ее ценности. И когда я критикую собственную церковь, я делаю это не потому, что затаил на нее злость, или потому, что ко мне ужасно относилась церковная организация, когда я работал в ней, и сейчас я ищу шанс взять реванш. Моя церковь дорога мне, и я очень уважаю многих из ее лидеров – прошлых и настоящих. Большая часть моего социального круга – это члены церкви. Всю свою жизнь я был служителем церкви, и по большому счету церковь была добра ко мне все это время. У меня было много интересных назначений на должности, которые мне нравились. Я смог посетить более восьмидесяти стран. Уже на пенсии я по-прежнему наслаждаюсь постоянными приглашениями преподавать, и я все еще люблю проповедовать.

Однако все это совсем не означает, что я рад всему тому, что происходит в моей церкви, и что я полностью согласен со всеми заявлениями, которые произносятся официально. На самом деле я крайне обеспокоен рядом событий, и имею серьезные вопросы к некоторым официальным вероучениям, под которыми я должен подписаться как адвентист. И это не значит также, что я не замечаю бедствия многих людей, которых я встречаю, когда посещаю общины в моей стране, говорю с многочисленными членами церкви, и когда я читаю электронную почту и комментарии, написанные к моим статьям и книгам, или в моем личном блоге. Они приходят со всего мира, но особенно от моих единоверцев в Западной Европе и из Соединенных Штатов. Поэтому, я обязан довольно подробно обсудить эти вызывающие озабоченность вопросы на последующих страницах. Я делаю это потому, что я люблю свою церковь, и по-настоящему забочусь о сомневающихся и борющихся людях, которые, во многих случаях, являются «верующими на грани» - они находятся на границе церкви, еще не определившись, хотят они остаться в ней, или нет.

Я верю, что нынешний кризис в адвентизме невозможно правильно понять, если его будут рассматривать в отрыве от кризиса многих христианских церквей в западном мире, и от того, что случилось с религией и верой в последние десятилетия. Когда я ссылаюсь на прошлое христианской церкви в целом, или прошлое Церкви христиан – адвентистов седьмого дня в частности, это происходит потому, что я абсолютно убежден, что мы должны извлекать уроки из прошлого опыта. Я считаю, что это сможет укрепить нашу уверенность в том, что, в конечном счете, так или иначе, все завершится позитивно.

События и личности прошлых времен вдохновляли многих и они помогли людям найти мужество, чтобы не останавливаться. Но в прошлом были и ошибки, неудачные решения и досадные заявления, которые могут послужить болезненными уроками для настоящего и для будущего. Когда мы их рассматриваем, это даст нам, будем надеяться, решимость двигаться в сторону необходимых перемен и более глубоко пересмотреть нашу веру. Американский философ Джордж Сантаяна (1863-1952) однажды сказал: «*Те, кто не помнят прошлого, обречены на его повторение*».

СИЛЬНЫЕ СТОРОНЫ АДВЕНТИЗМА.

Сегодня христианская церковь в западном мире встретилась с глубоким кризисом. В предыдущих главах я упоминал некоторые из громадных проблем, с которыми она столкнулась. В настоящее время церковь не просто переживает период упадка – как это уже бывало время от времени – само ее существование в секуляризованном постмодернистском мире Европы, Соединенных Штатов и других частях западного мира, сегодня находится под угрозой. Библейский сценарий сокращения Божьего народа до маленького «остатка» становится очень вероятной возможностью или даже необходимостью. Я повторяю то, что я уже сказал: хотим мы этого, или нет, осознаем мы это, или нет, но адвентистская церковь на «Севере» - это часть западного христианства. В каких-то особенностях она может быть уникальной, но она разделяет тот же светский контекст, что и другие христиане. Ее внутреннее и внешнее окружение в основном постмодернистское, или *пост*-постмодернистское, как говорят некоторые. И оно реагирует на адвентизм таким же образом, как большинство людей реагируют на любую другую форму организованного христианства.

Во время моей ранней юности (и некоторое время после нее) членам адвентистской церкви в Голландии настоятельно рекомендовали принимать участие в ежегодной кампании по сбору средств для адвентистской миссионерской деятельности. Государственные законы не позволяли нам напрямую просить людей о пожертвованиях. Нам приходилось продавать специально приготовленные журналы по фиксированной цене. Конечно же, если люди захотят заплатить за журнал больше этой цены, мы не будем удерживать их от этого, поэтому продажа журналов была основой для нашей так называемой «кампании по сбору жатвы». Большую часть времени я участвовал в ней и выполнял свою часть, пусть даже и с ограниченным энтузиазмом. Позднее, когда мне было тридцать с лишним лет, и уже за сорок, я стал работать редактором этого ежегодного журнала. Я должен признать, что к этому времени я возложил ответственность на других, это они ходили от двери к двери и пытались продать журнал, в котором я был редактором!

Я упоминаю эту историю потому, что одной из самых важных особенностей этого журнала была страница со статистическим отчетом, который рукоплескал исполнению миссии адвентистов седьмого дня. Адвентисты трудились в таком огромном количестве стран мира, издавая публикации на стольких многих сотнях языков, и проповедовали Евангелие на волнах столь многих радиостанций! Особенное внимание уделялось обширной сети тысяч адвентистских учебных заведений с начальным, средним и высшим образованием, и сотням госпиталей, клиник и санаториев по всему миру. Те, что ходил распространять эти журналы, никогда не забывали показать человеку, выглянувшему из двери, эту замечательную статистику, а затем подчеркнуть, что купив журнал, покупатель поддержит эти изумительные усилия служения человечеству.

Когда я был тинейджером, адвентистская церковь только что перешагнула отметку в один миллион членов церкви. Хотя адвентизм 1950-х и 1960-х был гораздо меньше по масштабу, чем сегодняшний, я, тем не менее, чувствовал определенную гордость за то, что я являюсь частью огромной всемирной организации. И даже сегодня, когда я путешествую, я всегда испытываю волнение, когда внезапно замечаю имя адвентистов седьмого дня на фасаде какого-нибудь здания. В некоторых странах шанс увидеть этот знак довольно мал, но в других такая вывеска очень заметна, и повешена в множестве мест. Ощущение принадлежности к чему-то значимому до сих пор вызывает во мне положительные чувства, и я знаю, что это же самое настроение разделяют со мной другие мои коллеги и друзья – адвентисты.

Но дело не только в чувстве гордости. В не столь далеком прошлом во многих западных странах адвентизм часто рассматривался как иностранная (то есть, американская) секта. Лидеры других конфессий часто открыто задавались вопросом, являются ли адвентисты на самом деле настоящими христианами. К сожалению, если люди и знали что-нибудь об адвентистах, часто это были запреты: то, что адвентистам было «нельзя» делать. Мнение окружающих о нас было чрезвычайно незавидным: мы были лучше всего известны тем, что мы не делаем, а не нашими идеалами, которые мы разделяли. Существовали и немногие положительные исключения. Во время путешествий за границу о здоровье некоторых людей позаботились в адвентистских госпиталях, и они получили благоприятное впечатление об адвентистах. Некоторые люди работали с коллегами – адвентистами, которые демонстрировали свою веру в позитивном ключе.

Много лет назад, когда наша семья переехала в новый город, моя жена сказала соседке из ближайшего дома, что мы адвентисты седьмого дня. «О, нет, только не снова» - сказала она. Она жила в Канаде рядом с семьей адвентистов, которые в течение многих лет непрерывно пытались «обратить» ее, и она не хотела, чтобы эта ситуация повторилась снова. К счастью, через некоторое время у моей жены сложились хорошие отношения с этой соседкой. Когда мы переехали в дом по адресу, где мы сейчас живем, наши соседи, к счастью, отреагировали иначе, чем прошлая соседка. Они жили в Швейцарии рядом с соседями – адвентистами, которые были очень приятными, и об этих адвентистах они не могли сказать ничего, кроме похвалы.

Репутация нашей церкви в микрокосмосе, где мы живем, очень сильно зависит от того, как мы демонстрируем нашу веру, и от наших социальных навыков в общении с людьми других вероисповеданий или теми, кто не верит вообще. Но в более серьезном масштабе вещи выглядят по-другому. Во многих странах попытки завоевать положительную репутацию для церкви адвентистов были тяжелой битвой. Постепенно общественное мнение о нас несколько улучшилось. Многие лидеры церквей и богословы убедились, что несмотря на некоторые особенности, адвентистов можно считать *добросовестными* христианами – протестантами, и их можно принять как партнеров по межцерковной деятельности, и они достойны доверия. Поскольку все больше и больше адвентистов завоевывали уважение, исполняя свои профессиональные обязанности, рассказывая при этом в позитивном ключе о своей приверженности адвентистской вере и общине, то адвентизм стал выглядеть менее странно и предосудительно в глазах многих окружающих. Я лично имел удовольствие взаимодействовать со многими представителями других конфессий, и с богословами из различных школ научного мира. По прошествии нескольких лет мое вероисповедание, как правило, переставало быть преградой для восприятия. Тот факт, что во многих странах церковь адвентистов – несмотря на яростные возражения жесткого ядра консервативных членов против каких-либо связей с другими христианами – вступила в какие-то отношения с национальными советами церквей или подобными этому объединениями, также помогло удалить множество подозрений и нерасположение к нам.

В наши дни большинство адвентистских пасторов значительно лучше образованы, чем их коллеги одно поколение, или около того, назад, и многие из них обучались в не-адвентистских университетах. Это не только помогло им стать профессионалами в своей работе, но и дало им и больше уверенности в себе в отношениях со своей общиной или общинами, и в их взаимодействиях со своими коллегами и государственными служащими. Я обнаружил, что в пользу моего авторитета пастора, автора и церковного администратора в критические моменты часто влиял тот факт, что у меня был диплом авторитетного британского университета. Это помогло мне в критических обстоятельствах быть принятым на равных моими коллегами другого вероисповедания и другими профессионалами. Большое количество адвентистских колледжей, где обучались наши пасторы, были созданы из неаккредитованных библейских учебных заведений, имеющих статус университета, а затем их полностью признали соответствующие аккредитационные организации. Это тоже было фактором растущей респектабельности адвентистской церкви в нашем обществе.

НА ЗАВИСТЬ ДРУГИМ

Не будет преувеличением заявить, что адвентистская церковь создала удивительно сильную организацию. Ее организационная сила видна не только в четырехуровневой структуре (1) Генеральной Конференции и дивизионов, (2) Унионов, (3) Конференций и (4) поместных церквей. Были разработаны детальные инструкции для бесперебойной работы церковного механизма, с четкими процедурами выборов для назначения лидеров, с подробными правилами функционирования различных церковных единиц и с четко определенными правами и привилегиями избирателей на различных уровнях. Лидеры других конфессий часто выражали свое восхищение – или даже свою зависть – к тому, как организована церковь адвентистов.

Хотя любая конфессия всегда желает собрать больше денег – и обычно она никогда не перестает призывать к большей щедрости со стороны своих членов – адвентистская организация имеет прочную финансовую основу. Всемирный годовой доход церкви в настоящее время составляет более 3,3 миллиарда долларов США. Это включает и десятины, и пожертвования, но эта сумма не намного больше тех цифр, что тратятся на функционирование учреждений церкви[1].

Адвентистская церковь остается удивительно единой, в то время как протестантизм в целом становится ужасно фрагментированным. Никто точно не знает, как много христианских конфессий существует в мире. Многие из них очень маленькие, но некоторые церкви (например, в Африке), которые неизвестны большинству из нас, имеют миллионы членов. Один из источников сообщает, что Соединенные Штаты сегодня стали домом для более чем 1500 религиозных организаций и что ежедневно рождаются три новые религии[2]. Американский протестантизм переживает самое большое разделение, чем это когда-либо было отмечено. Если вы хотите прочитать хороший обзор по религиозной ситуации в Америке, найдите последнее издание Справочника конфессий в Соединенных Штатах, написанного Фрэнком С. Мидом (*Handbook of Denominations in the United States by Frank S. Mead*), который описывает более чем 200 основных религиозных организаций в США³.

На протяжении многих лет некоторые группы покинули адвентистскую церковь и сформировали свои собственные движения. В истории церкви существовали диссиденты, которые имели сторонников и которые писали книги, но не организовывали отдельного движения. Некоторыми самыми известными личностями были Дж. Келлог, Дадли Канрайт, Людвиг Конради, Алонзо Джонс, Е. Ваггонер и А. Белленджер. К некоторым небольшим движениям, которые были более-менее организованными, относятся движение «святой плоти», движение Посох Пастыря, пресловутая Ветвь Давидова и группы вокруг Роберта Бринсмеда⁴. Самый важный раскол произошел, когда Реформационное движение адвентистов седьмого дня отделилось от основного тела церкви в результате споров по поводу участия в Первой мировой войне. Эта группа организовала независимую конфессию, в которой сегодня насчитывается около 40 000 членов в 130 странах мира. В дополнение к этому трагическому отделению от церкви адвентистов отвернулись некоторые другие небольшие группы. Но оглядываясь назад, действительно поразительно обнаружить, насколько единым остается адвентизм. Сравните его, к примеру, с движением баптистов. Всемирный баптистский альянс сообщает, что он включает в свои ряды 228 разных баптистских организаций⁵. И далеко не все баптистские организации являются членами альянса! Многие из них имеют отдельные национальные или региональные организации и представлены широким спектром богословских мнений, от несколько либерального крыла до крайне фундаменталистского. В целом можно сказать, что адвентистская церковь, по сути, остается удивительно единой.

РАЗВИТИЕ ЗРЕЛОГО БОГОСЛОВИЯ

Богословие адвентистов седьмого дня значительно изменилось за прошедшие годы. Адвентистский историк Джордж Найт однажды заметил, что Джеймс Уайт, один из основателей церкви, не признал бы современные вероучения адвентистов как доктрины своей конфессии и, возможно, не захотел бы стать членом сегодняшней адвентистской церкви⁶. Развитие адвентистского вероучения является захватывающей темой, которую мы не сможем охватить из-за объема этой книги. Будет достаточно сделать несколько замечаний. Важно подчеркнуть, что полный пакет из двадцати восьми *Оснований вероучения* не был спущен к нам с неба на раннем этапе адвентистской истории. Современная адвентистская богословская мысль является результатом длительного и постепенного развития. Ее начали разрабатывать люди, которые принадлежали к различным протестантским конфессиям, прошедшие через большое разочарование, когда ожидания этих людей на возвращение Христа оказались невыполненными. В течение нескольких лет после этого они пришли к широкому согласию по целому ряду пунктов – таких как, например, суббота или объяснение фиаско, случившегося в 1844 году. Они разработали доктрину о «святилище» и признали, что среди них проявляется «дух пророчества». Вскоре они также признали взгляд на смерть как на «сон» и стали отрицать, что у человека есть бессмертная душа, которая отправляется на небо сразу после смерти. Через некоторое время они согласились также и с тем, что на них возложена всемирная миссия: всех людей нужно предупредить о конце света и о том, что им предстоит встретиться с надвигающимся Божьим судом. Но некоторые другие доктрины выкристаллизовались только через несколько десятилетий.

Адвентизм в ранний период своей истории был довольно законническим движением. Важная встреча, состоявшаяся в 1888 году, рассматривала этот вопрос, но легализм так и остался непрекращающейся проблемой церкви. Тем не менее официальное богословие церкви с этого момента все сильнее подчеркивало, что спасение происходит не через старания человека, а является исключительно результатом веры в жертву Христа за человечество. В двадцатом веке – и особенно в 1960-е годы и позднее – основные христианские доктрины, какие как вопрос Троицы, природы Христа, личности Святого Духа и искупления, получили гораздо больше внимания, чем прежде, когда адвентисты фокусировались исключительно на уникальных для адвентизма доктринальных взглядах. Когда мы обсуждаем рост и сильные стороны адвентизма, важно помнить об этом постепенном созревании адвентистской богословской мысли.

АДВЕНТИЗМ ИСПЫТЫВАЕТ КРИЗИС?

Но не все так хорошо в адвентистской церкви. Далеко не хорошо. Многие считают, что недавние события, происходящие в адвентизме, демонстрируют, что сегодня единство церкви находится в большой опасности. Действительно ли это так? Может ли случиться так, что адвентизм – в частности, на западе – обречен на то, чтобы уменьшиться и в конечном счете исчезнуть? Если это произойдет, то случится в основном из-за общего дискомфорта западного христианства, или есть какие-то другие специфические причины, по которым адвентизм (по крайней мере, его часть в западном мире) может не выжить? Давайте не будем слишком поспешно заявлять, что Господь предотвратит кончину адвентистской церкви. Прежде случалось, что христианские церкви испытывали спад, а затем вовсе исчезали.

Часто высказывалось предположение, что христианские церкви являются общественными организациями, которые проходят через предсказуемый цикл. Хорошо известную модель предложил социолог религии Дэвид О. Моберг (г.р. 1922)[7]. Он предположил, что религиозные организации, как правило, проходят через пять последовательных этапов. На *первом* этапе новая организация возникает из-за недовольства существующей ситуацией. Несколько людей собираются вместе. Когда эти люди встречаются и делятся своими идеями, возникают новые мысли, и они привлекают новых единомышленников. На этом этапе руководство движением имеет большей частью неформальный и харизматический по природе характер. На *втором* этапе организация приобретает более определенную организационную структуру. Проясняются цели и идеи, и достигается согласие о стандартах и ценностях. Этот этап характеризуется сильной и активной деятельностью по набору новообращенных. Затем, на *третьем* этапе, растущая организация достигает состояния максимальной эффективности и использует множество инноваций. Руководство имеет тенденцию становиться более рациональным, чем харизматическим. Организация становится все более централизованной и получает признание со стороны общества. *Четвертая* стадия часто характеризуется ростом институционализации, обычно сопровождающимся растущей бюрократией. Стандарты и ценности становятся менее четкими, и члены церкви становятся все более пассивными. *Последняя* стадия является началом распада организации. Организация страдает от формализма, бюрократии и других проблем. Административные структуры больше не связаны с реальными вопросами и потребностями общества. Люди теряют доверие к своим лидерам и на границах организации, как правило, формируются новые дополнительные группы. Это, по сути, говорит о начале конца движения.

Если эта модель достойна доверия, а я думаю, что это так, то она поднимает важный вопрос о том, *на какой стадии в настоящее время может находиться адвентистская церковь в западном мире*. Некоторые могут сказать, что она все еще находится на третьем этапе. Это на самом деле может быть верно – но для частей церкви, находящихся на Юге. Но я подозреваю, что большинство из тех людей, что живут в западном мире и которые тщательно задумывались над этим вопросом, согласятся, что мы находимся на четвертой стадии или даже уже на пятом этапе. Если все так, то мы не обязательно должны воспринимать это как безусловное пророчество или как описание нашей неизбежной судьбы. Но, по крайней мере, это строгое предупреждение о том, что мы находимся в серьезном кризисе и что необходимы некоторые радикальные перемены, чтобы переломить ситуацию. Я верю, что слова, однажды сказанные англиканским епископом Джоном Шелби Спонгом о церкви в целом: «*она должна измениться или умереть*», наиболее точно относятся и к адвентизму в западном мире[8].

ТРЕВОГА ОБ ИНСТИТУЦИОНАЛЬНОЙ ЦЕРКВИ

Когда лет через десять после нынешних событий адвентистские историки оглянутся на прошлое церкви, они, возможно, обратят внимание на Генеральную Конференцию в Сан-Антонио, штат Техас, США, прошедшую в 2015 году, как на тот момент, в который стали больше всего за всю историю адвентизма заметны некоторые печальные тенденции[9]. Когда одного из преподавателей адвентистского университета спросили о том впечатлении, которое на него оказали эти встречи более 2500 делегатов со всего мира, собравшихся для избрания лидеров и принятия решения, которые повлияют на будущее своей церкви, он отметил несколько крупных изменений. Он сказал, что стало совершенно ясно, что Юг стал гораздо более осведомлен о своем потенциальном влиянии и гораздо более охотно, чем в прошлом, использовал свою численную силу, чтобы преодолеть желания Севера. Он также указал на некоторые другие события. Он увидел смещение атмосферы от духовной к более политической и смещение богословия от «центра» к «правому» крылу. Ему показалось, что дискуссии о переменах в *Церковном руководстве* продемонстрировали, что этот важный документ постепенно становится правилами, которые *обязательны* для исполнения. Прежде документ имел более *описательный* характер общего пути решения организационных вопросов в поместной церкви. Кроме того, он чувствовал, что обширные дебаты о переменах в *Основаниях вероучения* продемонстрировали тенденцию превратить их в Символ веры. И еще он отметил, что роль президента нашей конфессии становится все более и более «императорской»[10]. Мы вернемся к этим различным «смещениям» на последующих страницах, но прежде всего мы посмотрим на озабоченность многих людей тем, каким образом церковная машина, как правило, работает в наши дни.

Организационная модель адвентистской церкви представляет собой смесь элементов, унаследованных из различных традиций. Настойчивость на отделении церкви от государства пришла из традиции «свободной церкви», которая имеет корни в Радикальной Реформации, и которая была пересажена в Соединенные Штаты, где она стала скорее нормой, чем исключением. Адвентизм заимствовал организационные элементы из Кальвинизма, как, впрочем, и из Лютеранства, многое было просто скопировно из Методизма и из движения Крисчиан Коннекшн (Христианское объединение), к которому принадлежали некоторые ключевые фигуры раннего адвентистскогодвижения[11]. Термины «Конференция» или «Генеральная Конференция» свидетельствуют о сильном методистском влиянии, откуда они и унаследованы. В то же время четырехъярусная структура церкви – ГК/Дивизионы, Унионы, Конференции и поместные церкви – имеет четкую иерархическую природу с римско-католическим привкусом. И, нравится ли вам это или нет, но американская политическая система тоже оставила неизгладимый след на способе организации адвентистской церкви. Она дала церкви президентскую форму руководства (но, к сожалению, не дала тот же самый баланс сил, который встроен в американскую политическую систему).

Для европейского ума президентская система в церкви кажется нежелательной. Ни один из европейских глав государств или премьер министров (как, например, в Германии, Великобритании или даже Франции) не имеет такой обширной исполнительной власти, и не может изменить или определить направление своей страны таким же образом, как это может сделать американский президент. Точно так же лидеры церкви в любом европейском Унионе или Конференции являются прежде всего лидерами команд. Президенты возглавляют встречи, они предлагают инициативы, но у них всегда должна быть гарантия, что они имеют поддержку от своих комитетов. Они должны быть очень осторожными в том, как они представляют свои собственные инициативы. Я служил президентом Униона в своей стране. Я верю, что мне доверяли и меня уважали большинство из моих сотрудников и большинство членов церкви, но я всегда остро осознавал тот факт, что моя власть была весьма ограниченной. Я чувствовал, когда нужно воздержаться от того, чтобы слишком сильно продвигать свои собственные идеи – какими бы блестящими, на мой взгляд, они иногда ни казались.

Это беспокоит меня и многих других людей в Европе. Но в других местах (включая части западного мира, возможно, даже США) президенты церковных организаций имеют чрезмерную власть и могут в значительной мере определять повестку дня весь тот период, когда они находятся на избранной должности. Это особенно верно для способа, которым президент всемирной церкви может влиять на направление целой конфессии. На данный момент нам будет полезно вновь немного обратиться к истории, так как она продемонстрирует, как президенты Генеральной Конференции оставили свой отпечаток на те периоды времени, когда они занимали президентский пост.

ПЯТЬ ПРЕЗИДЕНТОВ ЦЕРКВИ

Рубин Фигур (1893-1986) возглавлял адвентистскую церковь с 1954 по 1966 год. Адвентистские историки характеризуют период его президентства как время стабильности и открытости. Фигур был гораздо меньше обеспокоен влиянием «современных» и «либеральных» тенденций, чем будет при его преемнике. Два крупных проекта стали доказательствами открытости церкви к тому, чтобы заложить новое богословское основание (или, по крайней мере, позволить это): подготовка спорной (до сих пор) книги «*Ответы на вопросы по доктринам адвентистов седьмого дня*»[12] и семитомного «*Библейского Комментария адвентистов седьмого дня*» под редакцией Ф.Д. Никола[13].

Роберт Пирсон (1911-1989) был крайне обеспокоен богословским направлением церкви и сделал все возможное, чтобы переломить ситуацию. Пристальный взгляд на его президентство (1966-1979) показывает жуткие параллели с нынешней администрацией, в частности, в отношении темы «возрождения и преобразования», которая была начата Пирсоном и позже воскрешена Вильсоном[14].

Следующим лидером всемирного адвентизма был *Нил Вильсон* (1920-2010), отец нынешнего президента ГК. Во время его президентства (1979-1990) церковь пережила значительный рост. В 1979 году членство всемирной церкви составляло почти 3,4 миллиона, оно выросло до 5,5 миллионов членов к 1990 году. Инициатива *Глобальной миссии* была одной из амбициозных программ Вильсона, направленных на укрепление благовестия конфессии. В ходе сессии Генеральной Конференции в Далласе (штат Техас, США) в 1980 году церковь приняла двадцать семь *Оснований вероучения*[15]. Эти двадцать семь пунктов стали основой для пересмотренного документа, который был одобрен в Сан – Антонио.

Многие характеризовали Нила С. Вильсона как политика, и одной из жертв церковной политики этой эпохи стал Десмонд Форд (г.р. 1929)[16].

К большому удивлению большинства делегатов на сессии ГК в Индианаполисе (штат Индиана, США), в 1990 году президентом был избран относительно неизвестный *Роберт Фолкенберг* (1941-2015). Фолкенберга будут помнить за его увлечение новыми технологиями, но еще и за его многочисленные инициативы, направленные на содействие дальнейшему росту церкви. Как богослов, он был достаточно консервативным и, как Пирсон, был озабочен тем, чтобы прекратить либеральные тенденции. Всеобъемлющий документ под названием «*Полное посвящение*» был официально принят церковью незадолго до того, как Фолкенберг был вынужден уйти в отставку со своего поста. Его намерением было сделать обязательным условием для лидеров и преподавателей учебных заведений согласие с содержанием этого документа. Этот документ нашел свое пристанище в *Рабочем Курсе АСД*, но ему уделялось мало внимания в эпоху Полсена (1999-2010)[17].

Ян Полсен (г.р. 1936) был первым профессиональным богословом, ставшим главным руководителем, и его, возможно, можно сравнить с Рубином Фигуром за акценты в лидерстве. Вместо того чтобы подчеркивать доктринальную и культурную однородность, его идеалом церкви было единство в многообразии. Но, как и Фигура, многие подозревали его в том, что он симпатизирует либералам. И, как и после Фигура, его преемником стал человек, который начал (и продолжает) крестовый поход против опасностей, с которыми сталкивается церковь. Считается, что они возникают, когда люди (якобы) отходят от «истины», которую мы можем обнаружить через «прямое прочтение» Библии и буквальное истолкование написанного Еленой Уайт.

С 2010 года церковь возглавляет *Тед Вильсон* (г.р. 1950). Его переизбрание в июле 2015 года в Сан Антонио означало начало второго срока его президентства. В то время как часть церкви возрадовалась его переизбранию, значительная часть людей выразила сожаление по поводу перспективы других пяти лет, которые будет нужно провести с

Вильсоном. Наверное, больше, чем любой из его предшественников, он наложил на церковь печать фундаменталистского традиционализма. Кажется, что переизбрание Вильсона также тесно связано с увеличением раскола церкви на Север и Юг.

Как только Тед Вильсон был избран президентом Генеральной Конференции, он рассказал о том, что считает главной заботой о церкви в своей важной проповеди 3 июля 2010 года в Атланте[18]. Название его проповеди «*Идите вперед*» могло быть вдохновлено заглавием «Идите вперед» из последнего тома *Свидетельств* Елены Уайт . Это «идите вперед» было представлено в многочисленных различных странах мира после Атланты и стало основной темой сообщений Вильсона на крупных встречах. Реакция на эту проповедь была, скорее, неоднозначной, как и реакция на подобные проповеди на важных церковных встречах в последующие годы. Многие ликовали, в то время как многие другие слушали её с растущим разочарованием. На самом деле многие считают Вильсона адвентистским лидером, на сегодняшний день вносящим в церковь самые сильные разделения.

ПОСЛЕДНИЕ АКЦЕНТЫ

Инициатива «возрождения и преобразования» стала одним из всеохватывающих проектов Вильсона для церкви за первые пять лет его президентства. Конечно же, очень трудно оценить каким-либо объективным и измеримым способом, какие результаты принесла эта инициатива. Интересно отметить, как уже упоминалось выше, что призыв Вильсона был очень похож на призыв к возрождению и преобразованию президента Роберта Пирсона.

Пирсон был очень обеспокоен почти двумя десятилетиями казавшихся ему «либеральными» тенденций, которые принес президент Рубен Фигур, и он был полон решимости перенаправить церковь в другую сторону. Рэймонд Коттрелл (1911-2003), выдающийся редактор *Ревью энд Геральд* и семитомного «*Библейского комментария АСД*», описывал Пирсона следующими словами: «Роберт Пирсон был любезным человеком, преданным адвентистом, джентльменом во всех отношениях, но также он был человеком с четкими целями и твердой решимостью их достичь». Он считал Пирсона, Гордона

Хайда и Герхарда Хазела «тремя архитекторами, стоявшими за десятилетием мракобесия в 1969-1979 годах». Согласно Коттреллу, этот «триумвират» попытался получить полный контроль над адвентистскими библейскими исследованиями в то десятилетие[20].

Во время Годичного совещания (в то время называемого Осенним Советом) 1973 года администрация Пирсона запустила проект «Возрождение и преобразование». Пирсон предложил сфокусировать особое внимание на девяти областях во время этого проекта:

- Церковь не готова.
- Весть церкви была искусно атакована сомнениями в богодухновенности Библии и Духа Пророчества.
- Учреждения церкви нуждаются в изменении направления их деятельности председателем совета и администрацией.
- Церковь отошла от изучения Слова Божьего – есть нужда в возрождении изучения Библии.
- Семьи нуждаются в помощи, чтобы справиться с давлением современности и им важно «установить семейный алтарь».
- Необходимость в свидетельстве с «первой любовью».
- Необходимость в приношениях с «первой любовью».
- Необходимость в возрождении проповеди, основанной на Библии, которая делает упор на тему «Христос – наша праведность»[21].

Книга Пирсона *«Возрождение и преобразование»*[22] и его эмоциональная прощальная напутственная речь в 1973 году, после того как он ушёл в отставку с поста президента по состоянию здоровья, в значительной степени выражала те же самые проблемы, которые вновь и вновь озвучиваются Тедом Вильсоном. Эта несколько затянутая цитата Роберта Пирсона является ясной иллюстрацией тому:

> «К сожалению, в церкви есть те, кто умаляют вдохновение всей Библии, которые с пренебрежением смотрят на первые 11 глав книги Бытие, кто подвергает сомнению молодой возраст планеты Земля, упоминаемый в Духе Пророчества, и кто коварно и утончённо ведёт борьбу против Духа Пророчества. Есть некоторые

люди, кто указывает на реформаторов и современных богословов как на источник правил для доктрин адвентистов седьмого дня. Есть те, кто якобы утомились от избитых формулировок адвентизма. Есть те, кто хотел бы забыть стандарты церкви, которую мы любим. Есть те, кто желает добиться расположения евангельских церквей, те, кто готов скинуть с себя одежды избранного народа, и те, что готовы пойти на поводу мирского, материалистичного мира.

Собратья – лидеры, возлюбленные братья и сестры, не дайте этому случиться! Я взываю к вам так искренне, как могу этим утром – не дайте этому произойти! Я взываю к Университету Эндрюса, Семинарии, Университету Лома Линда – не дайте этому произойти! Мы адвентисты седьмого дня, а не лютеране седьмого дня – мы адвентисты седьмого дня! Это последняя Божья церковь с последней Божьей вестью!»

Опять же нельзя не заметить огромного сходства между ударением на «возрождение и преобразование» Роберта Пирсона и тем, что делает Тед Вильсон через несколько десятилетий. Несмотря на частые ссылки на роль Святого Духа и на так называемый «поздний дождь», ударение в сути возрождения и преобразования, предлагаемого Вильсоном, очень сильно определяется человеческими программами, которые должны бы помочь нам достичь этого возрождения. Административными и организационными мерами, предпринимаемыми для инициативы *«возрождения и преобразования»*, слишком сильно дирижируют, и слишком мало места в них остается для инициатив Самого Духа. На уровне Генеральной Конференции был организован специальный Комитет, и один из вице-президентов ведёт особенный надзор за этой инициативой. Были разработаны вспомогательные инициативы, такие как специальный веб-сайт[24], а также средства, которые помогут членам церкви поднять на более высокий уровень их привычку чтения Библии и их молитвенную жизнь. Этому помогают план *«Возрожденные Его Словом»*[25] и *Молитвенная цепь 777*[26]. Во время своего второго срока президентства Вильсон, кажется, потерял большую часть своей первоначальной энергии.

РУКОПОЛОЖЕНИЕ ЖЕНЩИН

В течение первых пяти лет президентства Вильсона рукоположение женщин – пасторов привлекало к себе столько же внимания, сколько и инициатива *Возрождение и преобразование*. Было бы несправедливо говорить о том, что взгляд Вильсона на этот вопрос был единственным определяющим фактором в усилиях церкви по разрешению этого спорного вопроса. Но стало ясно, что Вильсон не был готов использовать свое влияние для того, чтобы создать атмосферу, в которой эта проблема могла бы быть разрешена другим способом, который бы смог найти более широкое принятие в церкви.

Вопрос о том, может ли женщина быть рукоположена для любого служения в церкви, в том числе для пасторского служения и на руководящие посты в церкви, был предметом интенсивного обсуждения в церкви еще с 1960-х годов. В этой продолжающейся дискуссии играли свою роль элементы богословия, культуры и традиций, и к тому же временами вопросы церковного курса и политики. Для многих людей остается довольно странным, что церковь, которая с гордостью указывает на женщину в качестве одного из своих со-основателей – и то, что эта женщина постоянно подчеркивает важность других женщин в церковной работе – эта церковь не решается принять женщин полностью равными мужчинам. Может быть понятно, что в некоторых районах мира принятие женщин на служение в церкви как полностью равных мужчинам, все еще встречает сильные культурные барьеры, но в западном мире многие члены церкви просто не могут понять, почему их церковь отстает от основных нравственных норм окружающего мира.

Десятилетия дискуссий привели к ситуации, которую становится все труднее объяснить. В 1984 году церковь, наконец, приняла решение, что вполне нормально рукополагать женщин – пресвитеров, если церковь в некоторых районах мира считает, что это нормально. Позднее, в 2000 году, был открыт путь для рукоположения диаконисс. В 1987 году был введен новый тип служительских удостоверений. Мужчины и женщины, которые находятся не на пасторских позициях в церкви, могут получить удостоверение «уполномоченного служителя». Вскоре эти удостоверения стали выдавать женщинам - служителям. Это дало женщинам большинство привилегий рукоположенных служителей, но с некоторыми значительными исключениями. Эти новые удостоверения действуют только в пределах географической зоны, в которой «уполномоченное» церковью лицо может действовать и нести ответственность. Лицо с таким удостоверением не может быть избранно президентом Конференции, Униона или Дивизиона, - не говоря уже о Генеральной Конференции! Конечно, это не обусловлено никакими богословскими подтверждениями и является лишь вопросом политики. Когда все уже сказано и сделано, по-прежнему трудно понять, почему можно рукополагать женщин – *пресвитеров* и женщин – *диаконисс*, в то время как это считается неприемлемым для женщин – *служителей*. Существуют разные виды или степени рукоположения? Какое разумное богословское обоснование может объяснить происходящую ситуацию?

На протяжении лет ряд комитетов изучал тему рукоположения женщин. Самым последним таким комитетом был международный *КИБР (Комитет по изучению богословия рукоположения)*. Большинство из его ста с лишним членов прочитали и прослушали многочисленные документы и собирались множество раз. Они не пришли к какому-то общему согласию, но большинство членов комитета пришли к заключению, что рукоположение женщин это не вопрос богословия, а вопрос культуры и церковной политики. Это стало выводом и большинства отчетов *комитетов библейских исследований,* которые действовали на уровне Дивизионов. К сожалению, весь этот материал был по большей части проигнорирован во время дискуссий в Сан-Антонио.

Когда в июле 2015 года была собрана сессия Генеральной Конференции в Сан Антонио, делегатам был представлен вопрос, на который они смогли бы ответить просто «да» или «нет». Согласна ли церковь позволить регионам мира (Дивизионам) самим решать, будет ли позволено рукоположение женщин пасторов в их части мира[27]? После страстных и временами ужасных обсуждений 41,3 процента делегатов проголосовали «да» и 58,5 процентов проголосовали «нет» со всего лишь несколькими воздержавшимися. Если бы Вильсон был готов присоединиться к Яну Полсену, предыдущему президенту всемирной церкви, в том, чтобы разрешить такую свободу в различных регионах мира, практически нет сомнений в том, что результат голосования был бы совсем другой и результатом голосования в этот день было бы «да».

Во время дебатов до Генеральной Конференции и во время ее проведения стала играть все большую роль новая богословская теория – без сомнения, мы слышим о ней не в последний раз. Я имею в виду небиблейскую идею о «мужском главенстве», которая наводит на мысль, что существует отчетливый порядок уровней власти: Бог – Христос – мужчина – женщина. Эта теория возникла в консервативных кальвинистских кругах в Соединенных Штатах и была привнесена в адвентизм Самуэлем Баккиоки (1938-2008), консервативным ученым и популярным автором, который, как правило, имел обыкновение писать о спорных вопросах. Она основана на специфическом способе прочтения Библии, на который мы должны посмотреть немного более внимательно.

«ПРЯМОЕ ПРОЧТЕНИЕ»

Многие нынешние противоречия в адвентистской церкви берут свое начало в особом способе чтения и толкования Библии. С самого начала своего президентства Тед Вильсон подчеркивал «прямое» прочтение Библии, то есть, важность принятия буквального смысла текста. Он постоянно напоминает слушателям об опасности всех форм исторического критицизма и рекомендует прочтение нескольких последних книг о Библии и том, как ее толковать, написанных *Институтом библейских исследований*[28]. Без сомнения, подход Вильсона к Писанию укрепил вездесущие фундаменталистские тенденции в адвентизме.

В сочетании с этой настойчивостью на буквальном толковании Библии Вильсон постоянно делает ударение на важности написанного Еленой Уайт и на том принципе, что именно на этом мы должны ставить главную точку отсчета для всего, что мы обсуждаем. Это некритическое использование произведений Уайт без каких-либо размышлений о контексте оригинала, было горячо встречено многими в церкви, но в то же время было серьезно раскритиковано другими людьми. Проповеди Вильсона, как правило, перегружены цитатами из написанного Елены Уайт – вопреки всем протестам – и часто они даже затмевают в них роль Библии.

Энтузиазм по поводу «духа пророчества» (как часто называют труды Елены Уайт) во время первого срока Вильсона получил очень драматическое выражение во всемирной кампании по распространению десятков миллионов экземпляров книги «*Великая Борьба*». Эта инициатива также встретила довольно разнообразный прием. В некоторых странах члены церкви ревностно принимали участие в проекте, и специальное издание книги было напечатано в большом количестве. Тем не менее, во многих других местах были выпущены только сокращенные издания книги из отдельных глав, чтобы было можно гарантировать, что общество не будет завалено столь большим количеством антикатолического материала, который является важной частью этой книги. В некоторых частях мира – особенно на западе – участие в проекте было практически нулевым или ограниченным маленькими группками членов церкви – в основном, иммигрантов. Многие выражали сожаление по поводу этого проекта и горевали, что всемирное руководство навязывает его церкви, не принимая во внимание серьезные возражения, которые были озвучены. Проект рассматривался как очередная директива, направленная сверху вниз, и это было иллюстрацией того, как высшая администрация церкви решила теперь действовать.

Мы уже ссылались на то, что *Институт библейских исследований (ИБИ)* теперь связан с головным офисом всемирной церкви. Он был создан в 1975 году с целью обеспечения администрации церкви богословскими советами в случае доктринальных споров, а также для исследования вопросов богословского характера. Институт потерял свой полунезависимый статус, когда в 2010 году он оказался связанным с должностью президента Генеральной Конференции тем, что директор института стал вице-президентом всемирной церкви. Таким образом, с этого момента и далее стал более явным контроль президента за деятельностью ИБИ. Богословы, работающие в институте, как правило, были весьма консервативными, и эта тенденция явно усилилась в последние годы – что повело церковь дальше по пути фундаментализма и доктринальной жесткости.

ОСНОВЫ ВЕРОУЧЕНИЯ И СОТВОРЕНИЕ

Одним из важных пунктов повестки дня на сессии Генеральной Конференции в 2015 году был пересмотр двадцати восьми *Оснований вероучения* церкви, с существенным переписыванием наиболее спорных вопросов: статьи о сотворении (пункт 6), и также ссылкой на «глобальный» потоп (в пункте 8). Пересмотр *Основ вероучения* церкви вызвал много дискуссий до сессии и во время ее проведения, и, без сомнения, вызвал продолжающиеся до сих пор обсуждения. Здесь нашего внимания потребуют два аспекта.

Во-первых, существует четкая тенденция ко все более детальному определению адвентистского вероучения. Эта тенденция началась не в Сан Антонио. Однако, многие люди надеются, что вскоре это уточнение доктрин закончится и – что было бы предпочтительно – направится вспять! Краткий обзор истории *Основ вероучения* может представить многим членам церкви несколько сюрпризов. Изначально верующие – адвентисты отказывались делать какое-то краткое изложение того, во что они верили. Их девизом было: «У нас нет символа веры, кроме Библии». Составление списка доктрин, как чувствовали многие, было важным шагом по направлению к «Вавилону». Это бы принесло остановку в непредвзятом изучении Библии. История полна богатыми доказательствами того, что с момента, когда церковь принимает «Символ веры», в него практически невозможно внести изменения! Первые адвентисты сбежали от мертвой хватки Символов веры церквей, к которым они принадлежали ранее, и они не хотели бы вернуться к чему-то подобному! Тем не менее, по прошествии некоторого времени, эта жесткая позиция перестала выдерживать критику. Широкие общественные круги задавали вопросы о вере церкви адвентистов, на которые было нужно отвечать. В 1853 году Джеймс Уайт, один из первых руководителей церкви адвентистов и редактор официальных публикаций конфессии, опубликовал первое неофициальное краткое изложение вероучения адвентистов. В 1872 году церковь опубликовала небольшую брошюру, в которой был предложен список из двадцати пяти «фундаментальных принципов». Список не был предназначен для «обеспечения единообразия» или для того, чтобы предложить «систему вероучения», он просто был «кратким изложением того, что было принято и по-прежнему с большим единодушием принимается верующими – адвентистами»²⁹. Ее целью было просто «удовлетворение запросов» и «исправление ложных утверждений». До 1931 года церковь не имела других оснований вероучения. «Заявление о вероучениях адвентистов седьмого дня» 1931 года содержало двадцать два доктринальных пункта, служивших церкви до 1980 года. Оно было заменено новым заявлением из двадцати семи «Основ вероучения», за которые проголосовали делегаты на сессии Генеральной Конференции в Далласе (штат Техас, США). Дополнительный пункт (номер одиннадцать) был принят в 2005 году. Это привело к нынешним *двадцати восьми* Основаниям вероучения.

Несмотря на этот путь, по которому заявление о вероучении церкви из неофициального списка для информирования внешней общественности об основных принципах адвентизма развилось в очень детальное определение ключевых адвентистских доктрин, с которым, как ожидается, согласятся все члены церкви, церковь продолжает настаивать на том, что у нее нет Символа веры, кроме Библии. Очевидно, что это стало вопросом семантики, потому что заявление об *Основаниях вероучения* все больше выступает в качестве Символа веры, и все члены церкви – и, более того, все работники церкви – как ожидается, должны соглашаться с каждым из этих пунктов. Многим членам церкви очень непросто смириться с этой продолжающейся тенденцией, и им интересно, чем все это закончится.

И потом, есть второй пункт. В последние годы стало ясно, что высшим церковным руководством, в частности, президентом Генеральной Конференции, вместе с группой консервативных богословов, было принято решение сделать более узкими некоторые пункты *Основ вероучения*. Особенное внимание было уделено шестой статье, которая имеет отношение к сотворению мира. Текст, который был принят в 1980 году, уже считался проблемным для принятия многими учеными и членами церкви, которые считали, что должно быть дано больше пространства для менее буквального толкования историй сотворения и потопа. Однако это стало рассматриваться в качестве опасности, которую было необходимо устранить. Поэтому пункт вероучения было необходимо пересмотреть так, чтобы любая лазейка, оставлявшая место вере в хоть какую-то форму теистической эволюции или толкованию, которое отличалось от «прямого прочтения текста», была закрыта[30]. Те, кто защищал необходимость новой формулировки, были удовлетворены, когда голосование (отнюдь не неожиданно) прошло, как они хотели. Но многие люди, присутствовавшие в Сан Антонио, и находившиеся по всему земному шару – особенно в западном мире – почувствовали себя хуже, переживая разочарование. Для многих людей включение небиблейского языка в новый текст пункта, в котором подчеркивалось, что семь дней творения были буквальными 24-часовыми днями, что творение продолжались период, который теперь назван неделей, что оно было «недавним» событием, так же, как и «недавний» «глобальный» потоп, стало еще одним трагическим примером неуклонного скольжения в совершенно фундаменталистское прочтение Библии. Они почувствовали, что адвентистская церковь сделала ту же трагическую ошибку, какую совершила католическая церковь, когда назвала Галилея еретиком.

Мы должны будем чуть позже в этой книге сказать больше о роли доктрин в церкви и в жизни каждого верующего. Христиане постмодернисты не очень интересуются мелким шрифтом доктрин, и они яростно возражают против принуждения смирительной рубашкой списка доктрин, с которыми они должны согласиться, если он хотят остаться членами церкви «с хорошей репутацией». Все больше и больше людей не решаются присоединяться к адвентистской церкви, если они будут обязаны сказать «да» всем двадцати восьми Основам вероучения. В лучшем случае для постмодернистов они хотели бы составить свой собственный список, и чувствуют, что у них должно быть достаточно свободы для этого. Если это не представится им возможным, они не войдут в баптистерий! И все больше людей, которые присоединились к церкви в какое-то мгновение в прошлом, уже больше не убеждены в истинности и (или) уместности некоторых пунктов, и они интересуются, сколько пунктов из «двадцати восьми» человек должен принять, чтобы оставаться *добропорядочным* адвентистом.

«ПОИСКИ ВРАГОВ»

Одной из тех вещей, которые не нравятся многим адвентистам – и в особенности тем, которые находятся «на грани» церкви – является продолжающийся акцент на некоем внешнем враге. С самого начала адвентизм не доверял другим религиозным организациям. Наш пророческий сценарий указывал на Вавилон как на противоположность истинной Божьей церкви. Церковь адвентистов рассматривалась в качестве «последней Божьей церкви», «остатка» народа Божьего в мире, обреченном на погибель. «Вавилон» в конечном счете объединит все другие религиозные силы, и, в частности, римско-католическая «церковь - мать» и ее «дочери» - отступившие протестантские конфессии вместе с оккультизмом образуют поддельную злую троицу в последнее время. В последние десятилетия казалось, что мышление в терминах «мы» и «они» постепенно сошло на нет. Хотя официальная точка зрения на пророчества не изменилась, на ней просто не ставили такое ударение, как раньше. Большая часть довольно резкой риторики из прошлого была смягчена. Адвентистская церковь становилась все более и более способной принять других в качестве настоящих христиан – хотя и с «меньшим светом» о библейских истинах, чем получила «церковь остатка». С одной стороны, адвентистская церковь не хотела вступать в такие экуменические организации как Всемирный совет церквей и препятствовала тому, чтобы национальные лидеры адвентистов присоединялись к формальному членству в национальных советах церквей. Но все же в ней проявлялась общая готовность сотрудничать с другими христианами в целом ряде различных областей, церковь вовлекалась в дискуссии и консультации с ними.

В последнее время желание вернуться к изоляции от других, кажется, вновь одержало верх. Президент церкви неоднократно предупреждал членов церкви против чтения не-адвентистских богословских книг, против того, чтобы не-адвентисты обращались к адвентистским общинам, против установления близких экуменических контактов и против участия в обучающих программах, которые проводят другие христиане. Средства массовой информации, которые спонсируются такими независимыми служениями, как «*Три Ангела*», «*Удивительные Факты*», «*Удивительные открытия*», а также различные независимые адвентистские издательства обеспечивают нас непрекращающимся рационом из панических и конспирологических новостей о последнем времени, в которых с энтузиазмом была возрождена ярость против всего католического и экуменического. Для многих адвентистов «на грани» - как, впрочем, и для многих, кто по прежнему твердо стоит на адвентистской почве – это возрождение создания образа врага малоприятно. Многие спрашивают, какое отношение все это имеет к Евангелию благодати и Господу, который уже победил все силы зла и чье возвращение является той надеждой, что «горит в наших сердцах».

ГОМОСЕКСУАЛЬНОСТЬ

Перечень проблем, которыми обеспокоены адвентисты «на грани» церкви будет незавершенным, если мы не упомянем об одном из главных этических вопросов. Мы уже увидели, что многим членам церкви в западном мире очень сложно понять отношение церкви к рукоположению женщин на евангельское служение. Они не хотели бы принадлежать к организации, которая продолжает дискриминацию женщин, и они считают, что для этого нет никаких веских богословских обоснований. Напротив, они считают, что Евангелие Христа требует полного равенства мужчин и женщин.

Многие адвентисты в западном мире находят все более затруднительным для себя принятие позиции церкви по отношению к гомосексуализму и однополым отношениям. Это особенно актуально для молодых людей, но беспокойство по поводу точки зрения конфессии встречается среди мужчин и женщин всех возрастных групп. Они встречаются с геями и лесбиянками, они работают с ними как коллеги, они являются их друзьями. У некоторых из них братья - геи и сестры - лесбиянки. Многие также знакомы с геями, лесбиянками и людьми других сексуальных ориентаций в адвентистской церкви, и люди прекрасно понимают их борьбу за то, чтобы быть полностью принятыми.

В последние годы церковь адвентистов опубликовала ряд неудачных заявлений, в которых гомосексуальность была перечислена в качестве одного из целого списка серьезных сексуальных отклонений[31]. Совсем недавно церковные лидеры подчеркнули важность взаимодействия с геями и лесбиянками на основании проявления любви к ним и пасторского попечения. В то же самое время церковь не оставила для своих членов никаких сомнений в том, что, хотя иметь гомосексуальную *ориентацию* не является грехом, любые гомосексуальные *действия* являются абсолютно неприемлемыми. Единственный вариант, предлагаемый гомосексуалистам – остаться безбрачными.

Согласно официальной позиции церкви, буквальное прочтение так называемых «анти-гомосексуальных текстов», которые можно найти в Библии[32], приведет к однозначному выводу о том, что христианин должен воздерживаться от любых гомосексуальных действий и не может вступать в однополые отношения. Тем не менее другие люди утверждают, что эти тексты можно читать и толковать в ином свете и что Библия никогда не обращается к тому виду однополых отношений, что мы видим сегодня (между двумя мужчинами или между двумя женщинами, которые любят друг друга и хотят быть верными своему партнеру до самой смерти). Для многих, опять же, в частности для тех, кто «на грани» церкви, невозможно принять то, как часто гомосексуалистов еле терпят в адвентистской церкви и смотрят на них (в лучшем случае) как на членов второго сорта, которым – даже если они и будут крещены – нельзя доверять никакого значимого служения в церкви.

БОЛЕЕ ШИРОКАЯ КАРТИНА

В предыдущей главе указывалось на кризис в современном христианстве, а эта глава перечисляет ряд спорных вопросов в современном адвентизме. У меня нет нерешительности в том, чтобы объявить эту ситуацию реальным *кризисом*. Не все согласятся с такой оценкой, и некоторые, возможно, раскритикуют мой анализ того, что происходит в церкви. Слишком общий подход заключается в том, чтобы свести на нет одну или две детали приводимых аргументов, найти какие – то моменты, которые покажутся сомнительными, а затем прийти к выводу, что вся картина является недостоверной. Я хочу призвать читателя в первую очередь посмотреть на общую картину и лишь потом решать, действительно ли справедливо описанное отражение реальности. Я считаю, что это правда.

Последние тенденции, которые я описал, часто вызывают медленный, но неуклонный исход из церкви. Мы продолжим рассматривать огромный вызов, который этот кризис бросил адвентистской церкви. В следующей главе мы детально рассмотрим кризис веры, который переживают многие верующие – адвентисты. Но важно понимать, что он случается не в вакууме. То, что происходит в адвентистской церкви, в значительной степени является отражением происходящего в основной части современного западного христианства.

И, продвигаясь вперед, мы должны помнить о трех вещах. (1) Тенденции в современной адвентистской церкви не могут быть отделены от ее прошлой истории. Без некоторого знания нашей истории мы не можем увидеть вещи в правильной перспективе. (2) Многие вопросы, которые играют важную роль в современном кризисе в адвентизме, являются предметом *герменевтики*, то есть, пониманием того, как читать и толковать Библию. (3) *Перемены возможны.* На продолжении адвентистской истории изменились многие вещи – некоторые к лучшему, а некоторые к худшему. Дальнейшее изменение в лучшую сторону (с моей точки зрения) возможно. Церковь может сменить свой подход к Библии на менее фундаменталистский. Руководство церкви может стать менее контролирующим и может позволить, и даже стимулировать, разнообразие способов, которыми мы практикуем нашу веру в различных частях мира в наших разнообразных культурах. И нам не обязательно нужно быть настолько негибкими в наших доктринальных убеждениях, как часто нам предлагают, если мы хотим остаться «настоящими» адвентистами!

В церкви изменилось множество вещей, но многие из этих перемен скорее беспокоят, чем радуют «верующих на грани». Из последующего изложения будет ясно, почему я надеюсь на такие изменения, которые принесут глоток свежего воздуха – *аджорнаменто* (обновление) – в мою церковь. Я убежден в том, что изменения такого рода возможны, и это является одной из причин того, почему я написал эту книгу. Но настоящие перемены часто занимают много времени и, следовательно, требуют терпения. Беглое изучение истории церкви подтверждает тот факт, что у большинства изменений был долгий инкубационный период. Но они в конечном счете произойдут, если достаточное количество людей захотят перемен и позволят Святому Духу принести их.

---

1 http://docs.adventistarchives.org/docs/ASR/ASR2014.pdf#view=fit.
2 David F. Wells, *Above Earthly Powers: Christ in a Postmodern World* (Grand Rapids, MI: Wm. B. Eerdmans, 2005), pp. 108, 109.
3 Frank S. Mead, *Handbook of Denominations in the United States* (13th edition; Nashville, TN: Abingdon Press, 2010).
4 Смотрите Richard W. Schwartz and Floyd Greenleaf, *Light Bearers: A History of the Seventh-day Adventist Church* (Nampa, ID: Pacific Press, 2000 rev. ed.), pp. 615-625.
5 http://www.bwanet.org.
6 George R. Knight, *A Search for Identity: The Development of Seventh-day Adventist Beliefs* (Hagerstown, MD: Review and Herald, 2000), pp. 17-21.
7 David O. Moberg, *Church as Social Institution* (Upper Saddle River, NJ.: Prentice Hall, 1962; revised 1984).
8 Название его книги: *Why Christianity Must Change or Die* (San Francisco, CA: HarperCollins, 1998).
9 Некоторые замечания, приведенные в последующих параграфах, вдохновлены презентацией автора книги на встрече AWA (Adventistischer Wissenschaftlicher Arbeitskreis) в Германии. Это организация, схожая с ассоциацией форумов в США. Встреча проходила 2-4 октября 2015 года в городе Айзенах, Германия.
10 Аудиозапись презентации Гилберта Валентайна 25 июля 2015 года в городе Глиндейл, Калифорния, на встрече форума АСД: http://spectrummagazine.org/sites/default/files/LApercent20Forumpercent20-percent20Gilpercent20Valentine.mp3
11 На английском часто используются следующие термины: 'Christian Connexion' или 'Christian Connexxion.'
12 George R. Knight, ed., *Seventh-day Adventists Answer Questions on Doctrine*, annotated edition (Berrien Springs, MI: Andrews University Press, 2003).
13 The *Seventh-day Adventist Bible Commentary*, 7 vols. (Washington, DC: Review and Herald, 1953-1957. For the historical background of this project, see Raymond F. Cottrell, 'The Untold Story of the Bible Commentary,' *Spectrum* Vol. 16, no. 3 (August 1985), 35–51.
14 Смотрите мой доклад 'Revival and Reformation—a current Adventist Initiative in a broader perspective,' представленный на встрече европейских преподавателей богословия в Ньюболд колледже, Великобритания 25-29

марта 2015 года. Published in Jean-Claude Verrecchia, ed., *Ecclesia Reformata, Semper Reformanda: Proceedings of the European Theology Teachers' Convention 25-28 March 2015* (Newbold Academic Press, 2016), pp. 101-121.

15 Оригинальный текст 27 Оснований вероучения можно найти в книге Ministerial Association of Seventh-day Adventists, *Seventh-day Adventists Believe—A Biblical Exposition of the 27 Fundamental Doctrines* (General Conference of SDA, 1988).
16 Его биография в книге: Milton Hook, *Desmond Ford: Reformist Theologian, Gospel Revivalist* (Riverside, CA: Adventist Today Foundation, 2008).
17 Смотрите *General Conference Working Policy*, A15; also: https://www.adventist.org/en/information/official-statements/documents/article/go/0/total-commitment-to-god.
18 Стенограмму этой проповеди можно прочитать в *Adventist Review, GC Session Bulletin no. 8.*, July 9, 2010.
19 Елена Уайт, Свидетельства для церкви, том 9 (Mountain View, CA: Pacific Press, 1948 ed.). c. 271.
20 http://en.wikipedia.org/wiki/Raymond_Cottrell.
21 *Minutes General Conference Committee*, October 15, 1973. http://documents.adventistarchives.org/Minutes/GCC/GCC1973-10a.pdf
22 Robert H. Pierson, *Revival and Reformation* (Washington DC: Review and Herald, 1974).
23 Robert H. Pierson, 'Final Appeal to God's People,' *Review and Herald*, 26 October 1973.
24 http://www.revivalandreformation.org/.
25 http://revivedbyhisword.org/.
26 http://www.revivalandreformation.org/777.
27 Вопрос был сформулирован следующим образом: «После молитвенного изучения вопроса рукоположения, основываясь на Библии, книгах Елены Уайт, и на отчетах комитетов по богословию рукоположения; после тщательного рассмотрения того, что наилучшим образом поможет церкви исполнить ее миссию, допустимо ли позволить исполнительным комитетам Дивизионов, если они сочтут это целесообразным для своей территории, рукополагать женщин на евангельское служение. Да или нет?
28 *Understanding Scripture: An Adventist Approach*, Biblical Research Institute Studies, vol. 1 (2006); *Interpreting Scripture: Bible Questions and Answers*, Biblical Research Institute Studies, vol. 2 (2010).
29 'Seventh-day Adventist Doctrinal Statements,' in: Don F. Neufeld, ed., *Seventh-day Adventist Encyclopedia* (Hagerstown, MD: Review and Herald, 1996 ed.), vol. 2, p. 464.
30 Статья 6 Основания вероучения, касающаяся сотворения, в новой формулировке звучит так: «Бог в Писании достоверно представил хронологию Своей творческой деятельности. В течение недавних шести дней творения Господь создал «небо и землю, море и все, что в них», а в седьмой день «почил». Таким образом, Господь установил Субботу как вечный памятник Его труда, осуществленного и завершенного в течение шести буквальных дней, которые вместе с Субботой образовали ту неделю, которая нам известна сегодня. Первые мужчина и женщина были созданы по образу Божьему, как венец творения, получив право владения миром и обязанность заботиться о нем. Мир, при завершении своего сотворения, как сказано в Библии, был «весьма хорош», и его совершенство провозглашало

славу Божью» (Быт. 1-2, 5, 11; Исх. 20:8-11; Пс. 18:2-7; 32:6, 9; 103; Ис. 45:12; Деян. 17:24; Кол. 1:16; Евр. 1:2; 11:3; Откр. 10:6; 14:7).

31 Прочитайте заявления церкви 'Homosexuality,'и 'A Statement of Concern on Sexual Behavior' в: Statements, Guidelines and Other Documents of the Seventh-day Adventist Church (Silver Spring, MD: Communication Department of the General Conference of Seventh-day Adventists, 2006), pp. 38, 94-95. Основная статья в одном из журналов Министри в 1980-х рассказывала, что адвентисты нашли способ «исцелять» гомосексуалистов. Взрыв негодования, последовавший за этим, оставил авторов публикации пристыженными.

32 Наиболее важные тексты, которые цитируются людьми, считающими, что Библия не допускает никакой вид гомосексуальных отношений, следующие: Второзаконие 23:17, 18; Левит 18:22; Бытие 19; Судей 19; Римлянам 1:20, 21; 1 Коринфянам 6:9 и 1 Тимофею 1:8-10.

ГЛАВА 4

Бог существует? На самом деле?

Мне было десять лет. В течение какого-то времени Хэнк, мой брат, который был младше меня на два года, чувствовал себя плохо, но наш местный семейный врач не мог обнаружить, что с ним не так. Потом, совершенно неожиданно, симптомы его болезни стали настолько серьезными, что потребовалась немедленная госпитализация. Через две недели Хэнк умер. У него не была вовремя диагностирована одна из форм ревматической болезни сердца, приведшая к смертельному исходу. Наша семья в то время была, мягко говоря, не очень обеспеченной, и поэтому он был похоронен в безымянной могиле на кладбище в деревне, где мы жили. Я до сих пор могу вспомнить его школьный класс вокруг открытой могилы, который пел для своего одноклассника, и я помню проповедь одного из моих любимых адвентистских пасторов, который приехал из Амстердама, чтобы провести траурное служение.

Я верил в Бога своеобразно, по-детски. В течение нескольких дней между моментом, когда в наш маленький дом привезли гроб (он стоял там четыре дня с открытой крышкой в довольно узком коридоре, где мы все время ходили), и похоронами, я горячо молился. Я знал библейские истории, в которых умерших людей чудесным образом возвращали к жизни. Я понимал, что это случалось лишь изредка и что большинство умерших оставались мертвыми, но все же несколько раз воскресения происходили, и я молился о том, чтобы Бог сделал исключение для моего брата. Казалось невероятным, что его больше не будет с нами. Почему Бог это с нами сделал? Несмотря на мои мольбы, Бог не сделал исключение. Почему? Почему Он позволил Хэнку умереть?

Всего лишь несколько лет спустя мы стояли на том же кладбище, но в этот раз для того, чтобы в последний раз попрощаться с моим отцом. Он дожил до пятидесяти лет. После довольно сложной жизни, наполненной множеством болезней, и после нескольких серьезных несчастий и неудач он заболел лейкемией. Неравная борьба с этим онкологическим заболеванием длилась около шести лет – это был тяжелый период для него и всей нашей семьи. Мне было четырнадцать лет, и мне пришлось расти без отца. Моего отца больше не было. На самом деле уже в течение нескольких лет перед его смертью у меня уже не было заботящегося отца, такого, как у большинства мальчишек моего возраста. Мне всегда не хватало сокровенной связи с моим отцом позже в жизни. Почему это произошло со мной? И с моей матерью, с моими сестрами? Почему Бог допустил это? Знает ли Он, что мы в Него верим? Почему же тогда Он игнорирует нас и не помогает?

Несколько десятилетий спустя – мне было около сорока – умерла моя младшая сестра, в возрасте 32 лет, оставив мужа и трех маленьких детей. Злокачественная опухоль мозга быстро сделала свою смертельную работу. Это было настоящим шоком, и я спрашивал, почему Бог позволил такому произойти в молодой семье? Как эти дети справятся без матери? Почему, Бог, почему?

Большинству из нас предстоят моменты или даже продолжительные периоды страданий, или вы уже прошли в вашем жизненном опыте через сложные времена. Мы понимаем, что никто из нас не обладает бессмертием и что однажды мы потеряем наших пожилых родителей и других престарелых родственников и друзей. Но мы никогда не сможем привыкнуть к расставанию с людьми, которых забрали у нас в середине жизни, или к виду маленьких детей, умирающих от рака.

Я осознаю, что у многих людей жизнь была гораздо более тяжкой, чем она до сих пор была у меня. И когда я думаю о бесчисленных жертвах военных конфликтов, которые должны продолжать жить с травмой на всю жизнь, без родителей или без своего партнера и своих детей, то у меня нет слов, чтобы попытаться описать то, что я чувствую. Почему всемогущий Бог допускает такие зверства?

В своем бестселлере 1974 года «*Когда плохие вещи происходят с хорошими людьми*», равви Гарольд Кушнер предположил, что мы можем быть в состоянии принять некоторые страдания как неотъемлемую часть человеческой жизни, но факт заключается в том, что существует слишком много необъяснимых страданий, которые ставят нас в тупик. Это еще более верно, когда мы наблюдаем не только за страданиями отдельных личностей, но за мучениями гораздо большего масштаба – за несчастьем целых общин или народов. Подумайте о стихийных бедствиях, которые обрушиваются на нашу планету с жуткой частотой; о землетрясениях, которые хоронят многие тысячи невинных людей под обломками их собственных домов и фабрик; о цунами и тайфунах, которые вызывают ужасные опустошения и оставляют миллионы людей погибшими или обездоленными. Почему происходят такие вещи?

Террористические акты приносят огромные страдания и разрывают наши жизни. Мы больше не можем сесть в самолет, если сперва мы не опустошим карманы, не выбросим наши полупустые бутылки с водой в мусорную корзину, и не пройдем сканирование тела. Мы ставим рамки металлодетекторов на входе крупных общественных зданий, и нас снимают камерами наблюдения десятки раз каждый день. Я прочитал недавний отчет о том, что в Великобритании человек, который будет день ходить по улицам Лондона, окажется снят на камеры как минимум 300 раз. Тем не менее, террористам до сих пор удается добиваться своей безжалостной цели, случайным образом убивая мужчин, женщин и детей, которые просто оказались не в том месте и не в то время. Почему это происходит? Почему никто не остановит ИГИЛ и Бока Харам, наркокартели в Южной Америке и другие террористические организации?

Почему наш мир сталкивается с мировыми войнами, уносящими десятки миллионов жертв? Любой, кто знает немного истории, слышал не только о «Великой войне» 1914-1918 годов, но и Второй мировой войне, войне во Вьетнаме, о «полях смерти» камбоджийских красных кхмеров в конце 1970-х, о геноциде в Руанде в 1994 году и о более поздних зверствах в Судане, Йемене, Ираке и т.п. И страдания становятся результатом многих других иногда удачно забытых войн по всему земному шару. Когда я пишу эту главу, во время ужасных событий в Сирии уже погибли тысячи людей. И все это продолжается.

НО ПОЧЕМУ?

В двух предыдущих главах мы обсуждали глубокий кризис современного христианства и широко распространившееся недоверие к организованной церкви. Более того, кризис распространился гораздо глубже возрастающего недоверия к церкви как к организации. Многие из тех, кто оказался «на границах» церкви, переживают и кризис личной веры. Конечно же, эти две вещи тесно связаны, но кризис личной веры проникает гораздо глубже, чем просто сильно снизившееся доверие церкви. Он влияет на нашу жизнь на самом глубинном уровне.

Очень многие христиане, с корнями из самых разнообразных конфессий всего религиозного спектра – от ультра-левых до крайне правых, и все те, что посередине – переживают кризис веры. Конечно, это не новое явление, но в настоящее время оно, кажется, проявляется более интенсивно, чем когда – либо в прошлом. И пусть никто ни на минуту не допускает мысли, что адвентисты имеют иммунитет к этому кризису веры. Многим молодым адвентистам не интересно, что именно произойдет до, во время и по завершении тысячелетнего периода из 20 главы Откровения, или то, как они могут обнаружить дату 1844 года в 8 и 9 главах Даниила. Они хотят знать, на самом ли деле существует Бог, и если да, то почему в мире и в обществе, частью которого они являются, происходят все эти ужасные вещи. Трагедия заключается в том, что они могут найти несколько человек в церкви, которые готовы преподать им серию долгих уроков по изучению Библии, чтобы разобраться в мелком шрифте докринальных вопросов, но эти люди не могут серьезно разобраться с реальными проблемами, беспокоящими души молодых людей. Они, как и многие люди предыдущих поколений, находятся «на грани», потому что они разочарованы в том, что говорят и делают верующие в их общинах и из-за тенденций, которые они видят в церкви. Но часто путь их самоанализа пролегает еще глубже. Они обеспокоены тем, *существует* ли *Бог на самом деле*? Так часто многие из нас повторяют вопрос, который стал заглавием вдохновляющей книги Филиппа Янси «*Где Бог, когда я страдаю?*»

БОГ – ВСЕМОГУЩИЙ И ЛЮБЯЩИЙ?

Есть один из наиболее важных вопросов, о котором переживают многие христиане: «Как можно примирить любовь Бога с тем фактом, что Он, похоже, всемогущий?» Когда христиане пытаются объяснить, на кого похож Бог, они часто отвечают простым определением из трех слов: *Бог есть любовь* (1 Иоанна 4:6). Бог есть любовь в самой чистой, насколько возможно представить, форме. Это, по свидетельству Библии, было величественно представлено в даре Сына Божьего, Иисуса Христа, который пришел, чтобы принести нам спасение. Но говоря о Боге, мы вспоминаем и другие Его характерные черты: Бог *вечен* (Он всегда существовал и всегда существует), Он все знает (Он *всеведущ*), Он может быть во всех местах в то же самое время (Он *вездесущ*), и Он никогда не меняется (Он *неизменен*). Но ко всему прочему Он *всемогущ (всесилен)*: это значит, что тому, что Он может сделать, нет ограничений. Он изображен в Библии как Творец вселенной и всего, что она содержит в себе. И нам сказано, что у Него есть сила, чтобы сотворить «новое небо и новую землю», когда история, какой мы ее знаем, подойдет к концу.

Итак, перед нами стоит дилемма, которую не могут решить миллионы людей – включая большое число христиан – адвентистов седьмого дня: если Бог представляет собой абсолютную любовь и при этом имеет неограниченную власть, то откуда все эти страдания? Почему Бог не вмешается и не защитит существ, которых Он, предположительно, любит? Мы хотели бы сказать Богу: «Мы вызываем Тебя для объяснения этого! Защити себя! Помоги нам понять, почему Ты, кажется, только сидишь и ждешь, вместо того чтобы вмешаться и остановить все это зло и разрушение, и не вытащишь нас из неприятностей, в которых мы так часто оказываемся?»

Это отражает жизнь Стива Джобса, гениального соучредителя империи *Эппл*, который умер от рака в 2011 году. В молодости Джобс по воскресеньям посещал лютеранскую церковь, но он потерял веру в возрасте тринадцати лет. Он спросил своего учителя воскресной школы: «Если я пошевелю пальцем, узнает ли Бог, каким из них я собираюсь пошевелить перед тем, как я это сделаю?» Когда пастор ответил: «Да, Бог все знает», Стив вытащил из кармана журнал *Лайф* за июль 1968 года. На шокирующей обложке журнала был снимок пары голодающих детей в Биафре (Нигерия). После этого он спросил пастора, знал ли Бог об этих детях. Единственный ответ, который получил Стив, было: «Стив, я знаю, что ты не поймешь, но да, Бог знал об этом». Стив Джобс не был удовлетворен этим ответом, и покинул церковь, никогда не вернувшись назад[1].

Богословы имеют технический термин для этой темы. Они говорят о *теодицеи*. Этот термин происходит из двух греческих слов: *Теос* и *дике* – *Бог* и *оправдание*. Другими словами: Как Бог оправдает свою очевидную бездеятельность, когда мы страдаем? Путешествуя по интернету, я обнаружил следующее краткое и полезное определение *теодицеи*: «Защита Божьей доброты и всемогущества ввиду существования зла»[2].

Для многих людей неспособность примирить Божью любовь с Его безграничным могуществом остается неразрешимой проблемой, которая приводит их к выводу о том, что любящего Бога не существует! Тем не менее мыслители всех времен и всех стран отказывались принять этот фаталистичный вывод и пытались найти ответ, который бы их удовлетворил. Я прочитал немало их достаточно непростых книг по *теодицеи*. Пожалуй, наиболее легкой для прочтения и информативной книгой по этой теме, что я прочитал за последнее время, является книга Ричарда Райса «*Страдание и поиск смысла*». Подзаголовок книги уточняет, что Райс намерен описать: *дать ответы на проблему боли*.

Доктор Райс, профессор богословия в Университете Лома Линда в Калифорнии, не ожидает, что его читатели будут обладать серьезным богословским образованием. В своей очень доступной книге Райс делает обзор различных подходов к вопросу «Почему?», которые я кратко суммирую ниже[3]. Первая точка зрения заключается в том, что любая попытка оправдать Бога потерпит неудачу; мы не сможем найти способ примирить страдания, происходящие в мире, с существованием всемогущего и любящего Бога.

Этой точке зрения, впрочем, можно противопоставить пять различных аргументов, которые говорят о том, что решение вопроса «Почему?» возможно.

1. Мы можем начать с идеи о том, что все страдания и несчастья каким-то таинственным образом являются частью Божьего плана, предназначенного для человечества. Следует признать, что часто мы не понимаем, почему Бог одобряет или позволяет случиться многим из происходящих событий. Но Он не совершает ошибок, и нам нужно доверять тому, что в свое время все встанет на свои места.
2. Бог не виноват в том, что в мире столько много страданий. Все это – результат свободной воли человека. Бог не хотел создавать роботов, а существ, которые будут служить Ему и любить Его по своей собственной воле. Бог взял на себя риск того, что ситуация может испортиться, но это не делает Его ответственным за наш неверный выбор и, из-за этого выбора, за все страдания, что мы видим в мире.
3. Мы не способны найти объяснение всем страданиям, которые мы наблюдаем и испытываем сами, но мы можем ценить тот факт, что большинство вещей, происходящих с нами, имеют потенциал для того, чтобы стимулировать наш внутренний рост и помочь нам становиться духовно более зрелыми.
4. Между добром и злом бушует космический конфликт, и люди играют определенную роль в этом противостоянии сил света и тьмы. Христиане – адвентисты седьмого дня традиционно избирают эту точку зрения и ссылаются на этот космический конфликт, как на «великую борьбу».
5. Наконец, существуют те, кто выбирает ответ другого рода. Они говорят нам, что мы должны пересмотреть нашу точку отсчета. Бог не всеведущ и не всемогущ в классическом понимании этих терминов. Они считают, что Бог точно не знает, как мы решим

использовать нашу свободную волю, и у Него нет возможности вмешаться, когда мы принимаем неправильные решения[4].

Книга Ричарда Райса очень ценна тем, что она предлагает нам ясное обозрение различных вариантов, а затем рассматривает сильные и слабые стороны каждого из этих подходов. К тому же книге добавляет ценности тот способ, которым автор касается личного аспекта этой проблемы страданий. Человеческие страдания, как говорит автор, это не просто философская или богословская *проблема* (на самом деле, автор предпочитает использовать термин «*тайна*»). Рано или поздно этот вопрос влияет на всех нас очень личным образом. Райс предлагает нам объединить элементы разных подходов, попытаться извлечь суть «смысловых фрагментов» и с надеждой найти утешение и поддержку, когда нас поражает личная катастрофа.

Лично я, как и Райс, тоже вижу ценность некоторых из предложенных «решений». Меня особенно привлекает самая неортодоксальная точка зрения номер пять, но я не позволю себе втянуться в длительное обсуждение этой темы. Как пастор, и как человек, имеющий профессиональный богословский интерес, я нахожу такое обсуждение очень интересным. В то же самое время я понимаю, что для большинства людей вопрос «Почему?» не будет решен в результате академических споров. Какие бы аргументы не выдвигались, они не успокоят нас в вопросе о том, что любящий, но всемогущий Бог не предотвращает и не останавливает страдания, которые испытываем мы лично, и которые мы каждый вечер видим в новостях на наших телевизионных экранах. Если существует ответ, то для большинства из нас он в первую очередь не будет основываться на рациональных аргументах. Нам будет нужно вернуться к этому чуть позже.

ИНТЕЛЛЕКТУАЛЬНЫЕ СОМНЕНИЯ

На протяжении всей истории христианства многие люди сомневались в существовании Бога, в то время как другие делали все возможное, чтобы «доказать», что христианский Бог должен существовать[5]. Эти «доказательства», как правило, использовали следующую модель: каждое последствие должно иметь причину, она, в свою очередь, должна иметь свою причину, и так далее. В конечном счете должна существовать Первопричина в начале всего - *Бог*. Другие люди разрабатывали эту линию мышления еще дальше, утверждая, что если мы действительно можем составить представление о Боге, который является вечным, всемогущим и всеведущим, то это само по себе доказывает, что такой Бог на самом деле существует. Ведь такая идея не может просто быть рождена ограниченным человеческим умом, если она не будет вызвана Причиной (с большой буквы П). Кроме того, мы должны помнить о том, что некоторые общие законы нравственности, как оказывается, используются практически всем человечеством. Как утверждают сторонники этой идеи, это можно объяснить только тем, что есть Высшее Нравственное Существо, которое так или иначе имплантировало эти нравственные принципы в род человеческий.

Наиболее известный «аргумент» в пользу существования Бога звучит так: если мы путешествуем через лес и внезапно обнаруживаем дом с ухоженным садом, то мы будем считать, что кто-то должен был построить этот дом и посадить этот сад. Или, если мы смотрим на сложный механизм часов, мы не предполагаем, что часы могли возникнуть через какое-нибудь таинственное спонтанное самозарождение или какой-нибудь «большой взрыв» в далеком прошлом. Мы предполагаем, что их сделал часовщик из плоти и крови. Точно так же, когда мы изучаем вселенную и видим в ней определенный порядок, мы не можем обоснованно не прийти к выводу, что должен существовать Создатель, который установил порядок в космосе и мире. Всякий раз, когда мы встречаем доказательства *замысла*, мы должны понимать, что существует *Мыслитель*! Хотя этот аргумент о замысле потерял большую часть своей силы, когда Чарльз Дарвин и другие эволюционисты предложили свои теории постепенной эволюции различных видов растительного и животного мира, в последние годы он совершил интересное возвращение к жизни среди некоторых христианских ученых.

Мало кто сегодня находит традиционные «доказательства» существования Бога очень убедительными. Многие христиане, которые твердо убеждены в том, что Бог существует, на самом деле, признают, что абсолютные доказательства этого невозможны! Тем не менее, хотя может быть трудным, или даже невозможным привести абсолютные доказательства существования Бога, *доказать то, что Бога нет, еще сложнее!* Просто посмотрите на простой пример. Предоставить твердые доказательства того, что в мире существуют носороги, не так уж и сложно. Вы можете найти носорогов в любом крупном зоопарке. Тем не менее, если вы захотите иметь окончательные доказательства того, что не существует *синих* носорогов, получить их будет гораздо более сложно, если не невозможно. Вам придется провести исследование, что их нельзя найти в любой точке мира, в том числе в наиболее отдаленных и труднодоступных местах. До тех пор, пока вы не обыщете весь мир, вы не сможете быть абсолютно уверенны!

В большинстве случаев интеллектуальные сомнения относительно существования Бога не исчезают в результате «попыток» доказать, что Он жив и здоров. Как мы увидим, это требует другого подхода. В то же время нам нельзя забывать об еще одном важном барьере для многих людей, что сомневаются в своей вере.

ПОЧЕМУ ХРИСТИАНСТВО?

Западный мир больше не является в большинстве своем христианским. К нам приехали жить люди из нехристианских стран, и многие из нас путешествовали в места, где сталкивались с исламом, буддизмом и другими нехристианскими верованиями. В результате этого многие сегодня задаются вопросом, если Бог существует, то кто Он? Это Бог христиан, или, возможно, Аллах мусульман? Или, возможно, есть много богов, как тому учит, например, индуизм?

Как христиане могут быть настолько уверены в том, что их религия лучше всех других религий? По каким критериям они определяют, что их религия – истинная, или, по крайней мере, лучшая, по сравнению с другими? Не может ли оказаться, что все религии имеют равную ценность? Возможно ли, что все религии являются равно действенными способами поиска более глубокого смысла в жизни? Так ли важно, будете вы называть Высшее Существо «Богом» или будете обращаться к Нему, как к «Аллаху»? Есть ли существенная разница в том, получите вы внутренний покой от Будды или от Иисуса Христа? Имеет ли значение, поклоняетесь вы в индуистском храме, или зажигаете свечу в католическом соборе? Не все ли религии пытаются сделать одно и то же: установить связь между нами и неизвестным Потусторонним? Эти вопросы становятся еще одной причиной для распространения сомнений.

Или, с другой стороны, может быть, правы те люди, которые говорят, что все религии – это плод человеческого воображения, и ничего больше.

ВОПРОСЫ О БИБЛИИ

Многие из тех, кто все еще верят в Бога и которых больше привлекает христианство, чем какие-то иные религии, сомневаются в своем понимании Библии. Это особенно актуально для людей, которые воспитывались в конфессии с довольно буквальным подходом к Библии. Если Библия говорит им, что человек пережил длительное нахождение в чреве большой рыбы и что змея с ослом говорили человеческим языком, то это должно было произойти на самом деле! Но для многих христиан большинство вещей, которые они были готовы принять в прошлом, кажутся им не настолько четкими в последующие годы. Это также верно для многих адвентистов седьмого дня. Хотя церковь адвентистов седьмого дня официально отвергает ярлык фундаментализма, и адвентистское богословие утверждает, что оно не принимает теорию дословного вдохновения, в реальной практике дела обстоят совершенно иначе.

Может быть, в самом начале мы должны сказать несколько слов об этих двух терминах, *фундаментализме* и *дословном вдохновении*. В настоящее время термин «фундаментализм» используется достаточно широко. Авторитетный *словарь Мерриам-Вебстер* определяет термин «фундаментализм» как «движение или отношение, подчеркивающие строгое и буквальное соблюдение ряда базовых принципов», а затем упоминает «политический фундаментализм» и «исламский фундаментализм» в качестве основных примеров использования термина. Тем не менее, первое и основное определение, данное словарем, более конкретно: «движение в протестантизме двадцатого века, подчеркивающее буквальное толкование Библии, как имеющее основополагающее значение для учения и практики христианской жизни».

Движение фундаментализма (обычно обозначаемое заглавной буквой Ф) возникло в первой четверти двадцатого века. Группа богословов, пришедших в ужас от все более влиятельных либеральных тенденций во многих конфессиях Северной Америки, решили написать серию брошюр, чтобы бороться с тем, что они воспринимали смертельной угрозой для американского протестантизма. Эти памфлеты стали известны в качестве «фундамента», - и это вдохновило на происхождение термина фундаментализм.

Дословное (вербальное) вдохновение – это теория вдохновения, которая утверждает, что *вдохновлено каждое слово*. Богословами признается, что она применима лишь к точной формулировке документов источника (на еврейском, арамейском и греческом языках), но главный тезис заключается в том, что библейские авторы были лишь писцами, записывающими то, что им сказал Дух. Из-за того, что каждое слово было «продиктовано» авторам Духом, Божье Слово не может содержать никаких ошибок (оно, другими словами, *непогрешимо*). Библия исторически надежна во всем. И когда Библия вступает в конфликт с наукой, то Библия всегда выигрывает.

До 1920-х годов адвентисты постепенно двигались к теории «вдохновения мысли», идее о том, что авторы Библии передавали мысли, которые Бог давал им, своими человеческими словами, и используя собственный стиль написания. Елена Уайт была среди тех людей, которые поддерживали такой взгляд[6]. Во время знаменитой «Библейской конференции» 1919 года ключевые адвентистские лидеры также высказывались в пользу этой идеи[7]. Однако, когда в Соединенных Штатах начало набирать все увеличивающуюся силу фундаменталистское движение, вскоре оно повлияло и на адвентистскую церковь. Теория дословного вдохновения стала доминировать как в отношении происхождения Библии, так и в отношении природы написанного пророком Еленой Уайт. На протяжении многих лет фундаменталистское влияние в адвентизме временами немного утихало. Но оно оставалась постоянной проблемой (по крайней мере, так я вижу это), и в последнее время оно возродилась в полную силу. Для большой группы адвентистов эта тенденция к фундаментализму с его узким пониманием вдохновения становится все более неприятной.

Три библейские темы создали особое беспокойство для большой части христиан – включая адвентистов седьмого дня, - которые читают Библию: (1) насилие и жестокость в Ветхом Завете; (2) утверждения, которые конфликтуют с наукой и со здравым смыслом; (3) истории о чудесах – в том числе описывающие воскресение и вознесение Иисуса.

Сегодня частым и тяжелым нападкам подвергается Коран. Политики и СМИ часто описывают его как источник, который вдохновляет «радикальный» ислам, с его священной войной (*джихадом*) против не-мусульман, его беспощадными законами шариата и его систематической дискриминацией женщин. Более того, нападки не останавливаются лишь на этом, потому что после часто подчеркивается, что Библия содержит столько же жестокости, и, как и Коран, потворствует насилию и даже геноциду. Или еще более остро подчеркивается, что сам Бог Библии был тем, кто снова и снова приказывал осуществлять убийства мужчин, женщин и детей!

На самом деле даже те, кто придерживаются довольно фундаменталистского взгляда на Библию (или пытаются это делать), должны признать, что некоторые длинные части Ветхого Завета не были созданы для приятного чтения. Временами детали того, что там происходило, безусловно, отвратительны. Я не занимался этой арифметикой сам, но этим занимались другие, и они сообщают о результатах своих исследований в интернете. Я процитирую: «В точности на каждой второй странице Ветхого Завета Бог кого-нибудь убивает! ...В общей сложности Бог убил 371,186 людей напрямую, и приказал уничтожить 1,862,265 человек» . Несложно привести некоторые примеры этой хроники насильственных смертей. Бог утопил все население планеты, оставив в живых лишь восемь человек (Бытие 7:21-23); прямо перед исходом израильского народа из Египта Бог решил убить всех первородных египетских детей из-за упрямства фараона (Исход 12:29); в 3 Царств 6:19 мы читаем о том, как Бог убивает группу детей, которые высмеивали пророка Елисея. И так далее.

А что можно подумать об истории Авраама, которому Бог приказал принести в жертву своего сына Исаака? Для Ларри Кинга, который в течение десятилетий вел популярную телепередачу «Шоу Ларри Кинга», это событие дисквалифицировало Бога навсегда[9].

Или что нам делать с историей судьи Иеффая, который был готов принести в жертву свою дочь лишь потому, что он сделал опрометчивое обещание Богу (Судей 11:30-39)? И, если говорить о жертвах, какой Бог сможет наслаждаться убийствами десятков тысяч животных для Его прославления и возвеличивания? Согласно текста 2 Паралипоменон 7:5, царь Соломон по случаю освящения храма, который он построил в Иерусалиме, принес в жертву двадцать две тысячи голов крупного рогатого скота и сто двадцать тысяч овец и коз! Можете ли вы представить бойню столь невообразимого масштаба?

СОТВОРЕНИЕ

Лишь немногие ученые так яростно атаковали истории сотворения и потопа, рассказанные в Библии, как это делал британский ученый Ричард Докинз. Следующая цитата не оставляет нам никакой неопределенности относительно его точки зрения о Библии: «Библию нужно преподавать, но решительно не как реальную историю. Это вымысел, миф, поэзия, все, что угодно, но не реальность»[10]. Маартен'т Харт, голландский писатель (с профессиональным опытом работы в биологии!) по существу, обращается к читателям с тем же предложением. В его последней книге, посвященной своей матери[11], есть глава о разговоре, в котором он спорил с матерью о Ноевом ковчеге. Мало того, что эту историю очень занятно читать, но она к тому же является хорошей иллюстрацией вопросов подобного рода, которые есть у многих читателей Библии. Когда Маартен'т Харт пишет о религии и вере, кроме большой доли цинизма, он демонстрирует и обширные познания Библии, и часто выдвигает аргументы, которые заставляют многих из его читателей задаться вопросом о правдивости библейского повествования. Он пытался убедить свою мать, что ее буквальное прочтение истории потопа было совершенно нелепым.

Он сказал ей, что он сделал некоторые подсчеты размеров Ноева ковчега. Библия указывает на то, что этот корабль был достаточно вместительным для всех животных «по роду своему» - одной пары всех «нечистых» животных и семи пар всех «чистых» животных. Согласно, Маартену, в мире обитают примерно два миллиона «видов», и поэтому в ковчег за невероятно короткий промежуток времени сквозь узкую дверь должны были войти десятки миллионов животных. Но, если отставить в сторону этот ошеломляющий факт, то как эти животные проделали свой путь до ковчега? Некоторые виды улиток можно обнаружить только в Скандинавии. Они могут пройти максимум около пяти метров в день, что означает, что их путешествие должно было отнять, по крайней мере, несколько лет. Но тогда возникает дальнейшее осложнение, заключающееся в том, что у них очень короткий срок жизни, и улитки обязательно умрут во время пути. А что насчет кормления всех этих животных во время морского путешествия? Кроме того, как Ной мог быть уверенным в том, что животные не поубивают друг друга во время этого морского путешествия? И потом, подумайте обо всех сортах навоза в ковчеге. И так далее, и так далее. Конечно, определение Маартен'том Хартом термина «род» может быть не тем же самым, что используется писателем библейской истории, но это повторяет сомнения многих читателей истории из книги Бытие, от которых не так легко отмахнуться.

Некоторое время назад я посетил Австралию, и, конечно же, мне было интересно поглядеть на кенгуру. Кенгуру – это просто один из многообразных видов сумчатых. Тот факт, что этих созданий можно найти только в Австралии, вызывает многочисленные научные проблемы и заставляет меня задуматься о библейских историях творения и всемирного потопа. Я не мог не задаться вопросом, как эти животные могли пропрыгать «туда и обратно» на Ближний Восток и назад в Австралию. Даже если перед потопом не было водных барьеров, то после всемирного наводнения они обязательно должны были появиться. Я знаю, что я не единственный человек в церкви адвентистов, у которого возникают такие вопросы.

Многие молодые люди чувствуют себя загнанными в тупик, когда они переходят в среднюю школу и слышат об эволюции. Некоторые из них смело заявят учителям биологии, что эта теория неправильна и что они не собираются верить в этот (так называемый научный) вздор. Они хотят остаться на той позиции, которой их учили родители и церковь, что Бог создал мир за шесть коротких дней. Таким образом, все эти современные представления о медленной эволюции, длящейся миллионы лет, не могут быть истиной! Но многие из их коллег не так уверены в этом. Может ли оказаться, что наука в конце концов права? То, что они читают в своих книгах по биологии, звучит гораздо более логично, чем то, что они находят в своей Библии. Более того, кажется, что большинство людей, которые серьезно обдумывают этот вопрос, убеждаются, что библейская история может на самом деле быть красивым повествованием, которое надо рассматривать как миф, а не как реальную историю. Могут ли все эти высокообразованные люди оказаться неправыми?

Это влияет не только на подростков, выросших в христианской среде, которые постепенно становятся более критически настроенными и больше не принимают вещи только потому, что так говорят их родители, или потому, что их пастор настаивает на том, что они просто должны верить тому, что говорит Библия. Я лично знаю немало людей даже моего возраста, которые верили в историю сотворения на протяжении большей части своей жизни, но в какой-то момент признались себе (и иногда другим), что они больше не уверены в ней и что они стали скептиками в отношении буквального прочтения первых нескольких глав Библии. К примеру, все человечество, по Библии, происходит от двух первых предков, Адама и Евы. Тогда как же объяснить то, что мир населен людьми разных рас? И как в эту историю вписываются бронтозавр, тираннозавр Рекс и другие виды динозавров?

В сознании людей возникает множество других вопросов. Действительно ли несчастья и страдания в мире на самом деле являются последствием одного фрукта, съеденного в прекрасном саду? И, кстати, почему история сотворения рассказана дважды – в 1 главе Бытие и во 2-й? Что мы можем сделать со значительными расхождениями между этими двумя версиями?

Я знаю, что на эти и на множество других вопросов есть ответы. И некоторые люди будут удовлетворены тем, что они слышат, и они с радостью оттолкнут свои сомнения прочь, когда услышат эти ответы. Но для многих сомневающихся эти ответы кажутся слишком упрощенными и неубедительными, и часто, когда какая-нибудь проблема бывает разрешена, на ее месте всплывают десять новых.

ЧУДЕСА

Как раз за неделю до того, как я написал первые наброски для этой главы, я посетил однодневный симпозиум церковного исторического общества, членом которого являюсь. День был посвящен истории средневековых чудес. Было очень интересно выслушать двух экспертов по истории церкви средних веков, которые выступали с докладами об аспектах средневековой веры в чудеса и о способе, которым эти истории чудес раскрывают нам многие детали того времени, в котором они возникли. Я знал некоторые из историй, на которые они ссылались, но некоторые другие были для меня новыми. Я никогда не слышал о чуде, когда хлеб превратился в камень. Это чудо якобы случилось в голландском городе Лейдене в 1316 году. В этом году на полях не выросло зерно, что вызвало в городе сильный голод. Женщине каким то образом удалось достать буханку хлеба. Она разделила буханку на две части, съела одну из них, а вторую половину спрятала в своем шкафу. Ее соседка узнала об этом и умоляла дать ей часть буханки. Владелица хлеба отказалась делиться им. Это привело к острейшему конфликту между женщинами. В конце концов, женщина, которая спрятала хлеб, выкрикнула, что она хотела бы, чтобы Бог превратил хлеб в камень. Бог сразу же ответил на ее просьбу. Хлеб, который превратился в камень, все еще можно увидеть в *Лакенхале* - красивом музее, расположенном в городе Лейден.

Немногие сегодня согласились бы с правдоподобностью таких историй о чудесах. Они просто не согласуются с нашим опытом знаний о том, как все происходит. На протяжении веков встречалось много людей, которые весьма скептически относились к историям библейских чудес как в Ветхом, так и в Новом Заветах. Число скептиков неуклонно возрастало, когда мы больше узнавали о законах природы и находили рациональные объяснения множеству явлений, которые в прошлом считались чудесными совпадениями. Истории чудес в Библии кажутся не согласующимися с нашей повседневной жизнью. Когда мы роняем что-нибудь в реку или канал, у нас под рукой нет пророков, которые помогли бы нам вернуть вещи назад. Но это произошло, когда группа пророков – студентов увидела, что их топор исчез в воде, и на сцену вышел Елисей, заставивший предмет плавать, чтобы его можно было выловить (4 Царств 6:1-7). И когда мы хотим пить и ищем, где бы нам утолить нашу жажду, мы никогда не обнаружим крана на том месте, где его не было несколько минут назад. Но именно так случилось, сказано нам, когда Агарь умирала в пустыне, и она внезапно обнаружила колодец, которого не было там, когда она сидела в этом месте (Бытие 16:8-21).

Новозаветные истории чудес – их, в основном, совершил Иисус, но они совершались и Его учениками/апостолами или случались, когда те сталкивались с трудностями во время их миссионерской работы – известны многим из нас гораздо лучше, чем чудеса Ветхого Завета. Мы читаем о том, как Иисус исцелял больных людей от физических и психических недугов и даже вернул к жизни нескольких умерших. И кроме этого, мы встречаемся с историями, которые рассказывают нам, как Иисус превратил воду в вино и накормил тысячи людей, чудесным образом умножив несколько хлебов и рыб. Для многих слушателей такие истории звучат так же маловероятно, как история четырнадцатого века о хлебе, который превратился в камень в Лейдене.

Должны ли мы принимать все эти библейские истории за чистую монету? Включая «мать всех чудес» - воскресение Иисуса Христа? Или же есть, возможно, другой способ посмотреть на то, что произошло с Иисусом? Может быть, нам нужно понимать воскресение в духовном смысле? Может ли оно означать, что, несмотря на трагическую гибель Учителя, ученики начали понимать огромное значение того, чему Он их учил, и ценности, которые Он представил им, и таким образом Иисус снова ожил как Христос в их сердцах?

Не поднимаю ли я слишком много вопросов? К этому моменту некоторые читатели могут захотеть узнать больше о том, что думаю я сам, и ищут этот ответ вместо того, чтобы столкнуться с еще большим числом вопросов. Просто потерпите еще немного. Я обещаю, что я попытаюсь предложить некоторые ответы в продолжении.

МНЕНИЕ БОГОСЛОВОВ О БОГЕ

Предполагается, что богословы и исследователи Библии помогут нам во время нашего паломничества по пути веры. И в самом деле, многие из них видят это своей самой священной целью, и они помогают многочисленным мужчинам и женщинам конструктивно обращаться со своими сомнениями. Но некоторые богословы, по сути, увеличили сомнения в умах многих людей, которые слушали их или читали их книги. Существуют богословы, которые отрицают возможность «откровения» в классическом смысле этого слова и подчеркивают человеческий фактор в происхождении Библии до такой степени, что там остается слишком мало божественного элемента. Один из богословов выразил это в следующих часто цитируемых словах: «Всё, пришедшее свыше, возникло внизу»[12]. В несколько чуть более загадочных словах другой богослов утверждал, что «Бог настолько велик, что у Него нет нужды в существовании»[13]. Говоря простым языком, это значит, что Бог – это продукт нашего собственного разума. Мы создаем собственное представление о Боге.

Для многих искренних верующих было и остается шокирующим событием услышать то, как известные богословы отрицают вещи, которые они всегда считали основой христианской веры: существование Бога и то, что Он открывает себя в Библии (написанном Слове) и через Иисуса Христа (живое Слово). Многие верующие просто покачивают головами и просто рассматривают такие заявления как доказательство проникновения сатаны в церковь. Но многие другие оказались под глубоким влиянием этих идей и рассматривают их как подтверждение того, о чем все время думали они сами, но не были способны так красноречиво выразить это в словах.

Мы находим отражение идеи о том, что все, пришедшее свыше, возникло внизу, в том, как люди эпохи постмодернизма сегодня думают и говорят о Боге. Они заявляют, что верят в Бога, но их понятие Бога основано не только (а иногда не в первую очередь, или даже вообще не основано) на Библии. Библейский Бог – это не тот Бог, который их привлекает. Чаще их Бог – это странное соединение элементов, выбранных из множества различных источников – сознательно или бессознательно. Их Бог определенно «возник внизу».

ИТАК, ЧТО ДЕЛАТЬ С СОМНЕНИЯМИ?

Сомнение – это не новое явление. В тщательно проработанной и читаемой широким кругом людей книге историк Дженифер Майкл Хехт рассказывает историю сомнений в тех различных формах, как они были представлены на протяжении веков[14]. Она прослеживает историю сомнений от греческой античности до «современных» времен. Я надеюсь, что эта глава дала краткий, но полезный обзор видов сомнений, которые существуют в наши дни нашего века, и причины сомнений тех, кто находятся на «границе» церкви. Я подчеркивал в этом обзоре, как сегодня тревожный вопрос «почему?» принимает все более угрожающие размеры в умах многих христиан больше, чем когда-нибудь прежде. Как может Бог, который является любовью, допускать так много страданий, если Он всемогущ? Мы сфокусировались на трудностях, которые многие встречают, читая свои Библии и пытаясь связать свою веру с научным мировоззрением нашего времени. Мы увидели, как многие люди не в состоянии дать чудесам ясное место в своем мышлении. Что нам делать со всеми этими сомнениями?

Перед тем как я попытаюсь дать ответы, мы должны упомянуть еще один вид сомнений. Даже если, несмотря на все наши вопросы и неуверенность, мы продолжаем в глубине души верить в то, что Бог существует, и если, несмотря на признание множества проблем, Библия является особенной книгой, остается еще одна область для сомнений. Это относится к некоторым (или многим) доктринам церкви. Этот аспект сомнений не уникален для Церкви адвентистов седьмого дня, но он может повлиять – по крайней мере, так кажется мне – на многих моих единоверцев гораздо сильнее, чем на большинство христиан во множестве других конфессий. Дело в той простой причине, что Церковь адвентистов настаивает на том, что если мы хотим быть «настоящими» адвентистами, мы должны верить во все ее «Основания вероучения». Для многих это крайне проблематично, и они задаются вопросом, все ли эти доктрины имеют прочное библейское основание. К этому вопросу мы обратимся в следующей главе.

---

1 Я благодарен Бобби Конвею за то, что он указал мне на этот жизненный опыт Стива Джобса в своей книге Doubting toward Faith: The Journey to Confident Christianity (Eugene, OR: Harvest House Publishers, 2015), p. 50. История описана в биографии Джобса: Walter Isaacson, Steve Jobs (New York: Simon & Schuster, 2011), pp. 14, 15.
2 http://www.merriam-webster.com/dictionary.theodicy.
3 Richard Rice, *Suffering and the Search for Meaning: Contemporary Responses to the Problem of Pain* (Downers Grove: IVP Academic Press, 2015).
4 Эта теория называется «открытый теизм» или «богословие процесса» (подход, который следует на самом деле дальше, чем «открытый теизм»). Ричард Райс является известным богословом процесса.
5 Смотрите также мою книгу Faith: Step by Step: Finding God and Yourself (Grantham, UK: Stanborough Press, 2006). Несколько параграфов из этой книги были адаптированы для этой главы.
6 Елена Уайт, Великая Борьба, с. v-vii; Избранные вести, том 1, с. 16, 19, 20.
7 Описание произошедшего на этой конференции не было известно до 1975 года, когда в архивах штаб-квартиры адвентистской церкви были обнаружены ее стенограммы. Эти стенограммы были впервые опубликованы в 1979 году журналом Спектрум, и теперь доступны полностью на

официальном вебсайте церкви http://docs.adventistarchives.org/documents.asp?CatID=19&SortBy=1&ShowDateOrder=True

8 http://www.evilbible.com/.
9 Bobby Conway, op. cit., p. 72.
10 http://www.brainyquote.com/quotes/authors/r/richard_dawkins.html.
11 Maarten 't Hart, *Magdalena* (Amsterdam: Singel Uitgeverijen, 2015).
12 Это мнение известного голландского богослова Гарри Куйтерта: Harry Kuitert, *Alles behalve kennis* (Baarn, the Netherlands: Ten Have, 2012).
13 Смотрите заглавие книги Gerrit Manenschijn: *God is zo groot dat hij niet hoeft te bestaan* (Baarn, the Netherlands: Ten Have, 2002).
14 Jennifer Michael Hecht, *Doubt: A History* (San Francisco: HarperCollins, 2004).

ГЛАВА 5

Могу ли я продолжать в это верить?

(Позвольте мне предупредить вас. В этой главе достаточно много деталей, может быть, слишком много для того, чтобы не понравиться некоторым читателям. Я надеюсь, что вы запасетесь выносливостью, чтобы остаться со мной. Дело в том, что то, о чем я повествую, очень важно, если вы хотите сложить полную картину происходящего. Поэтому просто сделайте глубокий вдох и понемногу пробирайтесь дальше. Или, по крайней мере, просмотрите эту главу. Вы можете найти ее достаточно полезной.)

Конфессии отличаются одна от другой. Они должны иметь что-то особенное, чтобы выделяло их среди других общин верующих, и такие различия действительно могут быть очень значительными. Хотя протестанты и римские католики имеют много общего, пропасть между их учениями огромна. Кажется маловероятным, что попытки перебросить мост через эту пропасть будут в ближайшее время хоть сколько-нибудь успешными. Более того, протестанты тоже представляют собой большое разнообразие церквей. Либеральные церкви в своем богословии находятся на огромном расстоянии от консервативных общин. Конфессии, которые принадлежат к одной «семье веры» (баптисты, лютеране, реформаты, методисты и т.п.), несомненно, намного ближе друг к другу. Но и в их случае существуют некоторые особенные точки зрения, которыми они отличаются друг от друга.

Ведь церковь, которая не имеет особенных доктрин или традиций, теряет смысл своего существования.

Некоторые люди являются членами определенной конфессии большей частью из-за того, что они были так воспитаны. Однако может оказаться, что они даже не смогут объяснить вам, чем их церковь отличается в богословии от других конфессий в той же самой «семье веры». Я часто встречаю это у верующих из различных консервативных реформатских церквей в моей родной стране, Голландии. Эти церкви с общими корнями в кальвинизме часто раскалывались по таким богословским вопросам, которые многие их члены не могли полностью понять (или вообще не могли понять). Я встречал членов одной церкви, которые на самом деле верили в принципы, являющиеся особенностью другой церкви, как, впрочем, и наоборот.

Многие люди не сильно беспокоятся о богословских деталях; они оставляют эту сферу религии своим пасторам и профессорам из богословских семинарий. Но другие люди переживают об этом и задаются серьезными вопросами, на которые ищут ответы. Часто они спрашивают: *«Могу ли я продолжать верить в то, во что всегда верил? И если нет, то насколько это серьезно? Могу ли я продолжать соглашаться с вещами, которым я был научен, когда готовился к конфирмации или крещению? Или я уже настолько далеко отошел от того, в чем когда-то был убежден, что я должен спросить себя, будет ли для меня честно по-прежнему оставаться в моей церкви?»* Сомнения в некоторых доктринах подтолкнули этих людей к «границам» их церкви. Это может быть результатом постепенного процесса. Или же их сомнения, возможно, находились в спячке в течение длительного времени, а потом внезапно получили импульс из-за какого-нибудь кризиса или прочтения определенной книги, прослушивания проповеди или участия в разговоре.

Некоторым людям советы или администраторы их общин заявили, что они больше не могут быть членами их церкви, так как они «отступили» от «истины». Это чаще случается в движениях, похожих на секты, или в очень строгих и консервативных конфессиях, а не в церквях основных направлений. Большие церкви имеют склонность быть более уступчивыми к разнообразию мнений. На самом деле они часто разрабатывают разные способы, чтобы найти место для тех, кто находится «справа», «слева» и «посередине». Это, в частности, стало реальностью в так называемых «государственных церквях» в Европе, которые стремились стать духовным домом для всех людей всей нации. (В Соединенных Штатах такие различные по направлению потоки имеют тенденцию организовываться в отдельные конфессии).

До сих пор исключение членов церкви по доктринальным причинам не было очень распространенной практикой для церкви адвентистов, особенно в западном мире. Даже когда были уволены или были вынуждены уйти в отставку преподаватели «еретического» богословия, то обычно они автоматически не теряли свое членство в церкви. Можно сокрушаться или, наоборот, приветствовать это, но на самом деле внутри адвентистской церкви существует значительное разнообразие богословских точек зрения. Как и во многих других конфессиях, в адвентизме наблюдалось постепенное возникновение различных движений или направлений. Достаточно трудно дать точное определение этим направлениям, хотя попытки это сделать предпринимаются. Дэвид Ньюман, бывший редактор журнала *Министри*, однажды предложил, что в адвентизме есть по крайней мере четыре различные направления: адвентизм основного направления, евангельский адвентизм, прогрессивный адвентизм и исторический адвентизм[1]. Несколько лет назад я, занимаясь поиском в интернете, оказался на интернет-странице, которая различала не меньше, чем восемь течений в адвентистском богословии и которая давала несколько имен ключевых представителей каждого из этих направлений: либерального, прогрессивного, сторонников теории морального влияния, евангельского, умеренного, консервативного (или традиционного), ультра-консервативного и экстремистского ультра-консервативного[2]. Автор пожелал остаться неизвестным, но очевидно, что он очень хорошо осведомлен о происходящем в адвентизме. Я должен признать, что был рад увидеть свое имя среди шести или семи «прогрессивных» богословов! Тем не менее, я бы, скорее всего, нарисовал линии разграничения между разными группами несколько иначе. Например, я не считаю последнюю группу «экстремистов ультра-консерваторов» полноценной ветвью адвентизма. Впрочем, суть этой статьи на интернет странице вполне ясна: *у современного адвентизма много граней.*

Тот факт, что существует широкий спектр богословских мнений, однако, не означает, что вместе с этим повсюду в церкви царит большая терпимость и господствует открытость и свобода при обсуждении вопросов. Многие голоса, особенно с консервативной стороны церкви, хотят «очистить» то, что они считают достойной сожаления ситуацией. Они предпочли бы принадлежать к доктринально чистой церкви, чем к церкви, где можно выстроить свое собственное исповедание веры! И недавнее мощное усилие, предпринятое для более жесткой формулировки двадцати восьми *Оснований вероучения*, одновременно с постоянным ударением, которое ключевые лидеры делают на том факте, что требуется соблюдение всех этих «Оснований», чтобы считаться настоящим адвентистом, приносит беспокойство многим членам церкви. Они хотят большей личной свободы в определении того, во что они верят. Кроме того, попытки руководства церкви получить больший контроль над ортодоксальностью преподавателей богословия, рассматривается многими как угроза академической свободе и как попытка насадить один конкретный способ прочтения Библии и один способ «занятий» богословием.

В этом отношении со все нарастающей (и более тревожной) частотой упоминается концепция «просеивания». Это идея о том, что в церкви существует непрерывное «просеивание» - процесс, при котором все, не полностью посвятившие себя «истине», удаляются из церкви. Этот процесс, как обычно предполагается, достигнет своего апогея незадолго до конца времени. «Просеивание», которое неизбежно приведет к крупномасштабному исходу людей из церкви, предлагают рассматривать или подразумевают как что-то позитивное. Потому что уход людей означает, что Пришествие Христа сейчас ближе, чем когда-либо[3]!

ДОБРОВОЛЬНЫЙ УХОД

Некоторые верующие, которые в течение долгих лет боролись со своими доктринальными сомнениями, наконец решают, что они не могут с чистой совестью оставаться членами своей церкви. Некоторые из них оставляют свое сообщество веры и не присоединяются ни к какой другой общине. Иногда они уходят бесследно, а иногда продолжают сохранять некоторые (в основном социальные) связи со своими бывшими единоверцами. Некоторые верующие находят другую духовную семью, которая лучше согласуется с теми взглядами, которые они исповедуют теперь, в данный момент своего духовного паломничества. Они решают попрощаться со своей бывшей церковью иногда со вздохом облегчения, но чаще всего с большим количеством боли, оставшимся в их сердцах.

Римско-католическая церковь теряет миллионы своих членов по всему миру, которые больше не могут согласиться с некоторыми моральными обязательствами, возлагаемыми на них церковью. Они протестуют против официальной позиции церкви в отношении практики контроля над рождаемостью или не соглашаются с категорическим отказом церкви допустить однополые отношения между людьми, которые хотят жить в особых, моногамных постоянных взаимоотношениях. Они считают, что «законы», согласно которым священство должно сохранять целибат и женщины не могут стать священниками, полностью устарели и находятся в противоречии с Евангелием Иисуса Христа.

В строгих кальвинистских кругах многие имеют серьезные сомнения по поводу евангельской основы для учения о предопределении. Возможно, они выросли с доктриной о «двойном предопределении». Аргументы в пользу этой доктрины звучат следующим образом: Бог по Своей вечной мудрости и по Своему непостижимому авторитету еще прежде нашего рождения решил, получим ли мы в конечном итоге вечную жизнь или мы обречены на вечное проклятие. Мы ничего не можем с этим поделать. Конечно же, от нас ждут, что мы будем жить христианской жизнью и выполнять все наши религиозные обязанности, но только от Бога зависит, получится ли у нас это или нет. И даже если мы не окажемся среди спасенных, у нас все равно нет ни одной причины, чтобы на это пожаловаться! Дело в том, что ни один человек не имеет права на спасение! Только благодаря Своей суверенной благодати Бог избирает некоторых людей, чтобы они унаследовали вечность.

Для многих верить в такое невыносимо. Это значит, что мы можем лишь надеяться на то, что окажемся в числе избранных, но никогда не будем в этом *уверены*! Совсем не удивительно, что многие начинают сомневаться в том, насколько это учение согласуется с Евангелием Христа, которое провозглашает, что Бог «так возлюбил мир», с намерением, чтобы все люди были спасены! Некоторые из этих сомневающихся верующих оставят свою церковь и попрощаются с любой формой христианства, а другие, к счастью, найдут другую духовную семью, где они смогут испытать уверенность в спасении.

Церковь мормонов – или Церковь Иисуса Христа святых последних дней – это четвертая по величине конфессия в Соединенных Штатах. Эта «американская» религия привлекла к себе миллионы мужчин и женщин и все еще способна вдохновить тысячи молодых людей посвятить год своей жизни «миссионерской работе» в других регионах мира. Но эта церковь также переживает исчезновение значительного числа верующих – из-за тех же многих причин, которые мы уже упоминали ранее в отношении кризиса христианской церкви в целом. В дополнение к ним, серьезной проблемой становится значительный гендерный дисбаланс в церкви мормонов, и исследователи сообщают о том, что он становится одной из основных причин ухода из церкви. Но к серьезным проблемам также приводят другие причины «отступничества» – даже при том, что церковь не публикует статистические данные об этом. В качестве причин своих возрастающих сомнений в истинности их религии многие бывшие мормоны упоминали то излишнее значение, которое в церкви придается, кроме Библии, другим книгам (*Книга Мормона, Учение и заветы, Драгоценная жемчужина*). Их смущает практика крещения от имени умерших и многочисленные секретные ритуалы.

Мы могли бы упомянуть длинный список особенных доктринальных взглядов, которые вызывают многочисленные споры и разногласия в других конфессиях. Но наше внимание сосредоточено на Церкви христиан адвентистов, и на следующих страницах я рассмотрю некоторые из вопросов, которые наиболее часто всплывают на поверхность, когда адвентисты говорят о своих сомнениях в определенных вероучениях своей церкви. Я не перечисляю их в каком-то определенном порядке, так как я не знаком ни с одним исследованием, которое бы распределяло эти вопросы по степени создания сомнений.

БОГОДУХНОВЕННОСТЬ

Я хочу добавить немного информации к тому, что я уже говорил об адвентистском учении о богодухновенности (инспирации). Этот вопрос является ключевым, потому что наш взгляд на богодухновенность Библии и способ ее передачи людям определяет, выберем ли мы «прямое» прочтение Библии (которое воспринимает то, что мы читаем, в настолько буквальном смысле, насколько это возможно), или же мы допустим участие большого количества человеческих инструментов, которые Бог использовал для общения с нами.

Существует достаточно причин для того, чтобы ожидать, что в ближайшем будущем тема инспирации и герменевтики (того, как истолковывать Библию) получит повышенное внимание со стороны руководства адвентистской церкви. В ближайшие годы эта тема займет значительную часть времени и энергии персонала *Института Библейских Исследований* (ИБИ) в штаб-квартире нашей церкви. Ряд относительно недавних публикаций ИБИ провел нас по долгому пути, поддерживающему «прямой» подход в чтении Библии[4].

Стоит отметить, что недавно первый пункт из наших *Основ вероучения* был несколько «утянут». Этот первый из двадцати восьми пунктов говорит нам, что Писания являются «непогрешимым откровением Божьей воли». Но он также подчеркивает, что Писания – это «исчерпывающие изложение доктрин и достоверное сообщение о действиях Бога в истории нашего мира». Многое зависит от того, как будут определены эти термины: «непогрешимый», «исчерпывающий» и «достоверный». В последнем изменении двадцати восьми доктрин мы читаем, что Библия не только «авторитетна» и «непогрешима», но и *исчерпывающа*, то есть она «*исчерпывающе*» передает доктрины. Новая формулировка *Основания вероучения* номер десять также подтверждает, что теперь *Основания вероучения* защищают очень узкий взгляд на вдохновение.

Наиболее авторитетным документом о подходе адвентистов к Библии и к ее толкованию, на сегодняшний день, кроме формулировок в *Основах вероучения,* является так называемый *документ из Рио*. Он стал результатом исследования, проведенного в 1980-х, и был выражен в официальном заявлении, которое было принято исполнительным комитетом Генеральной Конференции во время «годичного совещания» в 1996 году . Этот документ отвергает довольно распространенное мнение ученых о том, что многие библейские Писания прошли через долгий процесс их собирания и «редактирования», прежде чем они достигли той формы, которая используется как основа для современных переводов Библии. Например, большинство библейских исследователей приходят к выводу, что пять книг Моисея состоят из нескольких документов, которые появились на свет в разных кругах, были написаны в разное время, и только позднее были собраны в так называемом Пятикнижии (пяти свитках). Или возьмем другой пример подобного подхода, который обычно называется «историко-критическим методом»: большинство экспертов по Ветхому Завету верят, что у книги Исайи было два или, возможно, даже три автора. *Документ из Рио* не хочет даже слышать об этом. (Как ни странно, библейские ученые – адвентисты, кажется, имеют гораздо меньше сомнений при идентификации различных источников для четырех Евангелий[6]!) Научное мнение адвентистов резко разделено по этому вопросу. Те из ученых, кто принадлежат к *Адвентистскому богословскому обществу*[7], поддерживают позицию, изложенную в *документе из Рио*. На самом деле, никто не может даже стать членом этого влиятельного богословского сообщества, если не подпишет письменное заявление, что он согласен с таким взглядом на инспирацию и передачу людям Библии.

Совершенно очевидно, что взгляд на происхождение и природу Библии в большой степени определяет, как человек относится к отдельным доктринам и этическим проблемам, таким как сотворение или рукоположение женщин. Точно так же это определяет отношение к служению и книгам Елены Уайт (смотрите тему о ней ниже).

Когда у членов церкви начинают возникать сомнения по поводу подхода к инспирации, который в настоящее время активно пропагандируется руководством церкви, а также организациями, которые придерживаются этой позиции, это часто становится отправной точкой для сомнений в других доктринах. Многих из этих сомневающихся все меньше и меньше привлекают публикации нашей конфессии и другие медийные продукты церкви, которые поддерживают подход «прямого» прочтения Библии. Многие начнут искать себе духовное питание из других источников, но на самом деле потом эти источники могут зародить в их разуме новые вопросы, которые вызовут сомнения в некоторых традиционных учениях адвентистов.

ТРОИЦА

Сомнения в доктрине о Троице появились в адвентистских кругах не в последнее время. На самом деле в течение значительного периода времени многие адвентисты (включая некоторых лидеров ранней церкви) были твердыми антитринитариями, что означает их неверие в доктрину о Троице. Урия Смит, широко известный пионер церкви и автор комментариев по Даниилу и Откровению, к примеру, прокомментировал текст в книге Откровения, который называет Христа «Альфой и Омегой» (Откровение 1:9), следующим образом. Он утверждал, что, хотя Христос уже существовал задолго до сотворения мира, Он не существовал от вечности, как Отец. Христос имел начало где-то в далеком прошлом. Вместе с другими пионерами адвентистов, такими, как Джеймс Уайт, который тоже прежде принадлежал к движению Крисчиан Коннекшен[8], Урия Смит верил, что Сын подчиняется Богу Отцу, и что идея о триединстве трех вечных, абсолютно равных Существ не является библейской. Елена Уайт никогда не выражалась в антитринитарных терминах, и только в конце своей жизни она ясно выразила свою поддержку взгляда на Троицу – Отца, Сына и Святого Духа как со-вечных, абсолютно равных Существ. Тем не менее, достаточно интересно, что она никогда не использовала термин Троица.

Прошло много лет, и лишь в двадцатом веке адвентистская церковь официально объявила, что она полностью принадлежит к лагерю тринитариев, хотя в ней все еще звучали голоса инакомыслящих. Но в последнее время тех, кто сомневаются в тринитарном богословии или отвергают его, кажется, становится больше[9]. И хотя вопросы и сомнения по поводу этой ключевой христианской доктрины возникают у людей из «левого» крыла церкви, самые громкие голоса, противостоящие этой доктрине, как правило, звучат с «правого» крыла богословского спектра. Существуют консервативные адвентисты, которые верят, что доктрина о Троице на самом деле римско-католическое учение (и поэтому оно ложное по определению) и что адвентисты должны быть осторожными, не допуская своего сближения с римским католицизмом, вместо этого они должны вернуться к исторической (не-тринитарной) вере своих пионеров.

Даже притом что учение о Троице является краеугольным камнем христианского богословия, (как ни странно) в адвентистских кругах сомнения в этой ключевой доктрине, как правило, считаются гораздо менее серьезными, чем, например, сомнения в буквальном шестидневном творении или в буквальном истолковании небесного святилища. Судьба моего пасторского удостоверения подверглась бы большему риску, если бы я публично зажег сигарету, чем если бы я выразил в проповеди сомнения по поводу доктрины о Троице. Неопределенность по поводу этой важной доктрины не ложится на сердца адвентистских лидеров столь серьезным грузом, как сомнения в отношении нескольких других доктрин, которые мы сейчас кратко рассмотрим.

ЧЕЛОВЕЧЕСКАЯ ПРИРОДА ХРИСТА

Был ли Христос одновременно Богом и человеком? Если да, то как такое могло произойти? И как нам понять человечность Христа? Был ли Он точно таким, как мы, или не совсем? Ранней церкви нужны были столетия исследований и активных споров перед тем, как на встречах соборов церкви, прошедших в Никее (325 г.н.э.), Халкедоне (451 г.

н.э.) и других местах, верующие пришли к подробной формуле о двух природах Христа, которая бы удовлетворяла большинство верующих христиан. Но с тех пор христианская церковь официально признала, что Христос есть «истинный Бог» и в то же время «истинный человек».

Большинство первых адвентистов не придавали тайне природы Христа большого значения. Их внимание было сосредоточено на статусе и роли Иисуса Христа, актуальном для их времени. Они верили, что Он вознесся на небо, как наш «Первосвященник» и что с 1844 года Он начал особенную работу в небесном святилище - в ветхозаветном святилище эта работа была предсказана в служении «дня искупления». Но по прошествии некоторого времени вопрос о двух природах Христа потребовал большего внимания. Со времени публикации книги *Ответы на вопросы по доктринам адвентистов седьмого дня*[10]» этот вопрос стали обсуждать больше, так как эта книга определила человеческую природу Христа таким образом, что это стало (и продолжает быть) неприемлемым для многих адвентистов.

По сути, существуют три конкурирующие точки зрения на человеческую природу Христа.
1. Христос во всем был точно таким же, как мы. Он разделял те же человеческие слабости и испытывал те же склонности (предрасположенность) ко греху, что и все человеческие существа.
2. Христос был полностью человеком в том смысле, что Он принял ту природу человека, которая была у Адама до его падения.
3. Христос унаследовал нашу человеческую природу, но без унаследованной склонности ко греху, с которой боремся мы. Тем не менее это «преимущество» больше, чем полностью, компенсируется тем фактом, что Христос был бесконечно более сильно искушаем, чем когда-либо были искушаемы мы.

Какая из этих точек зрения имеет самые сильные библейские подтверждения? Здесь мнения резко расходятся. Нам совсем не поможет поиск у Елены Уайт четкого ответа, так как многие ее утверждения о человеческой природе Христа укажут нам в противоположные направления, и через избирательный подход к написанному ею мы можем поддержать любую из этих точек зрения[11].

Многие члены церкви пожимают своими плечами и говорят: «О чем все эти споры? На самом ли деле они важны? Конечно же, нам не стоит и надеяться на то, чтобы понять, как одна Личность может одновременно быть и человеком, и Богом. Поэтому давайте не будем ломать голову над этой загадкой». Тем не менее этот вопрос является более важным, чем может показаться при его поверхностном рассмотрении. И есть некоторые серьезные последствия, которые вызывают у многих «верующих на грани» недовольство их церковью. Позвольте мне объяснить это.

Прежде всего мы должны рассмотреть четвертую статью из наших *Основ вероучения:*

> «Будучи вовеки *истинным Богом,* Он стал также *истинным человеком,* Иисусом Христом. Он был зачат Святым Духом и рожден девой Марией. Он жил и *переносил искушения как человек,* однако *явил Собой совершенный пример праведности и любви Божьей.* Совершённые Им чудеса были проявлением силы Божьей и свидетельством того, что Он был действительно Богом — обещанным Мессией. Он добровольно пострадал и умер на кресте за наши грехи, заняв наше место. Воскрешённый из мертвых, Он вознесся на небо, чтобы ради нас совершать служение в небесном святилище. Он опять придет в этот мир во славе для окончательного избавления Своего народа и для того, чтобы восстановить все вновь». (Курсив добавлен мной).

Здесь подчеркнуты несколько важных элементов: (1) Полная божественность Христа; (2) рождение от девы; (3) полная человечность Христа; (4) факт, что Он может служить совершенным образцом для нашего подражания. В этой статье нам говорится, что Христос был «истинным человеком», но эта формулировка благоразумно избегает четкого определения этого термина. Лично я был бы рад оставить формулировку именно такой. Потому что как мы можем определить то, что является совершенно уникальным? У нас нет никого, с кем бы мы могли Его сравнить. Однако далеко не все готовы просто принять это и жить с этим странным парадоксом полной божественности и полной человечности в одной Личности.

Что скрывается за этим вопросом? Люди утверждают, что если Христос принял ту человеческую природу, которая была у Адама *прежде*, чем он «пал», согрешив, то Он перестает быть нашим совершенным примером. Потому что если все это так, то Он имеет явное преимущество перед нами и, следовательно, нас нельзя обвинять в том, что мы не живем по тем стандартам, которые Он для нас установил. С другой стороны, если Христос принял ту человеческую природу, которая была у Адама *после* «падения», и все же оставался в безгрешном состоянии, тогда это в принципе возможно также и для нас. Следовательно, и мы достигнем точки в нашей жизни, когда сможем жить уже без греха. Другими словами, *совершенство возможно* – не только в грядущем мире, но уже здесь, на земле – если мы полностью посвятим себя Христу и наполнимся решимостью преодолеть все наши прегрешения и жить в повседневной гармонии с Божьей волей.

Немногие люди в адвентистской церкви, если таковые имеются вообще, станут отрицать, что Бог хочет от нас, чтобы мы росли духовно и строили свою жизнь по великому образцу, данному в жизни Иисуса Христа. Но большой процент членов церкви также признает (я надеюсь на это и думаю, что это так), что они – грешники и далеки от совершенства и что они никогда не будут безгрешными до момента, когда они будут воссозданы совершенными существами в обновленном мире. Они верят, что Библия ясно высказывается по этому вопросу: «Если говорим, что не имеем греха, обманываем самих себя, и истины нет в нас» (1 Иоанна 1:8).

Не вдаваясь в многочисленные специальные богословские термины, я считаю, что было бы справедливым сказать, что идея о совершенстве, которого могут достичь люди, привела многих на опасный путь законничества. Это всегда было ловушкой для консервативных христиан, и особенно для адвентистов седьмого дня. Спасение происходит благодаря вере в Иисуса Христа, а не благодаря тому, что делаем мы сами. Но для тех людей, которые подчеркивают вечную необходимость Божьего Закона, главным соблазном становится попытка «набрать очки» у Бога через мелочное послушание Его Закону. Таким образом, предположение, что мы можем жить совершенной жизнью потому, что Христос был совершенен и во всем был подобен нам, может с легкостью привести нас к очень легалистскому подходу к религии, и при этом большая часть радости Евангелия останется выброшенной на обочину этого пути. И у той части верующих, что находятся «на границе церкви» существует ощущение (иногда полностью оправданное, а иногда нет), что те, кто стремится к совершенству – не всегда самые приятные люди, с которыми они встречались. Когда у этих «перфекционистов» есть возможность задать тон в поместной общине, многие из тех людей, что «на границах церкви», задыхаются и не могут выжить в той очень законнической среде, которая там создается. В конечном счете многие из них бросают церковь и уходят.

Идея о том, что совершенство возможно, имеет еще более далеко простирающиеся последствия и близко связана с тем, что обычно называют «богословием последнего поколения» (*БПП*). Сторонники этой точки зрения объединяют несколько элементов адвентистской традиции: понятие «великой борьбы», тему «остатка», возможность совершенства и роль Христа в небесном святилище.

Позвольте мне суммировать суть этого *БПП* (богословия последнего поколения) в нескольких словах. Перед Вторым Пришествием Христа истинные верующие, которые «соблюдают все Божьи заповеди» (включая седьмой день – субботу) и у которых есть «свидетельство Иисуса Христа» (идентифицированное как «дух пророчества», то есть Елена Уайт), сформируют относительно небольшой «остаток». Они придут к тому состоянию, когда преодолеют все грехи и достигнут состояния полного совершенства. Это очень важно, так как «время испытания» прекратится, когда Христос завершит Свою работу в небесном святилище. В самый последний период истории земли – перед возвращением Христа – те, кто принадлежат к остатку, должны будут обладать совершенством, потому что в течение некоторого времени они будут жить без Посредника.

Возможно, это несколько упрощенный вариант «богословия последнего поколения», но он отражает суть этой теории. Главным архитектором этой теории был М.Л. Андреасен (1876-1962), который был видным адвентистским богословом, но позже отпал от конфессиональной благодати и даже потерял свое служительское удостоверение на короткое время перед своей смертью. В прошлом были периоды времени, когда эта «теология» имела большое влияние, например, во время, когда президентом адвентистской церкви был Роберт Пирсон (1966-1979). Она с новой мощью вернулась в наше время, найдя сильного сторонника в лице Теда Вильсона, нынешнего президента адвентистской деноминации.

Для многих «верующих на грани» все это выглядит весьма сомнительным богословием и кажется полностью противоположным той радостной и возвышающей вести Евангелия о спасении и свободе в Иисусе Христе. Они могут не знать все детали и аргументы, которые выдвигаются, чтобы защитить этот особенный взгляд на человеческую природу Иисуса Христа, ставящий акцент на перфекционизме и теологии последнего поколения. Но зато верующие «на грани» могут наблюдать за тем эффектом, который теория оказывает на многих своих сторонников и как часто эти сторонники питают нетерпимое отношение к людям с другими взглядами. Они могут не понимать все рассуждения, приведшие к этому выводу, и могли не прочитать ни одной книги, где изучаются и сравниваются все подходящие заявления Елены Уайт, приведшие к таким выводам. Да и слово «сомнения» возможно, не будет лучшим описанием их чувств по отношению к этому виду адвентизма, они скорее интуитивно понимают, что находятся при этом «не в своей тарелке». Этот вид «богословия» не приносит того религиозного опыта, который взращивал бы их веру и делал людей более счастливыми. Когда они чувствуют в своем окружении слишком много такого богословия, они принимают решение сбежать от него.

СВЯТИЛИЩЕ

Часто утверждают, что доктрина о святилище является единственным учением, которое на самом деле уникально для адвентизма. Поэтому потеря этого элемента адвентистского наследия поставит под угрозу сам смысл существования адвентистской церкви в качестве отдельной конфессии. Существуют другие группы христиан, которые соблюдают субботу в седьмой день недели, и многие христиане провозглашают скорое Пришествие Христа, но ни у кого из них не существует параллелей с адвентистским взглядом на святилище. Однако доктрина о святилище не только самая уникальная, она еще и самая *спорная*, и она подвергается нападкам и критике не только со стороны многих людей извне адвентизма, но и со стороны многих членов церкви. Можно проследить постоянную историю возникающих вокруг нее сомнений и сопротивления тому, как традиционно формулируется эта доктрина.

Во времена Ветхого Завета Бог создал *живую картину* (драматическое представление), чтобы внушить народу Израильскому, что пропасть между Ним и человечеством можно преодолеть лишь вмешательством Божьей милости. Это вмешательство очень дорогое, оно потребовало драгоценной жертвы. Людям была дана сложная система жертвоприношений, чтобы все это указало на самую большую Жертву, благодаря которой восстановятся отношения между человеком и Богом. Этой жертвой был Христос, и Его же символизировал первосвященник, который служил прообразом роли Христа как великого Первосвященника, как это описывается в Послании к Евреям. Таким образом, все, что происходило на ветхозаветных богослужениях в святилище, во всем их разнообразии – ежедневно и ежегодно – и все те, кто служили в святилище, были коллективным символом Иисуса Христа и Его спасительной работы.

На основе нескольких пророческих утверждений Библии Вильям Миллер развил теорию о том, что возвращение Христа было неизбежным и его можно было ждать «около 1843 года». Позже он стал указывать время более конкретно, и в конце концов согласился с некоторыми другими адвентистскими проповедниками, что Второе Пришествие произойдет 22 октября 1844 года. Впрочем, этот судьбоносный день стал днем «великого разочарования» для верующих – миллеритов, когда он прошел без каких-либо признаков Пришествия Христа.

Последующие дни и недели после этого удручающего переживания разочарованные верующие – адвентисты задавались вопросом, что было неправильным в их выводах. Не закралась ли ошибка в их расчёты? Или же расчеты были правильными, но они ошиблись с событием, которое должно было случиться в этот день? Группа таких верующих – адвентистов вскоре пришла к выводу, что в эту дату – 22 октября 1844 года – Христос начал Свое служение как небесный Первосвященник в небесном святилище. Это особенное служение было показано в прообразе сложного ритуала, происходившего в Израильском святилище в день искупления. Кроме этого, утверждалось, что ежегодный день Искупления был своего рода судным днем. Грехи, которые люди исповедовали в течение года и за которые они весь год приносили жертвы в «Йом Киппур» - День Искупления – вычеркивались. Это ежегодное служение указывало на небесное служение Христа во время так называемой «следственной» фазы суда, или суда «перед Пришествием», когда становилось ясно, кто будет спасен, а кто погибнет.

В чем испытывают сомнения многие из тех верующих, что находятся «на грани?» В прошлом сомнения концентрировались, в частности, на двух вопросах. Во-первых, это касалось вопроса о том, действительно ли работа Христа завершилась на кресте, или же искупление не было полным до тех пор, пока Христос не выполнит Свое служение Первосвященника в небесном святилище. Для многих людей было (и остается сейчас) важным подчеркнуть, что жертва Христа на кресте была совершенной и Его искупительную работу не нужно делить на первую и вторую фазы, как, кажется, это делает традиционная адвентистская доктрина о святилище.

И, во-вторых, возникает вопрос о роли Азазелла. Если вы не уверены в том, кто такой или что такое Азазелл, вам стоит прочитать описание ветхозаветного ритуала дня искупления в 16 главе книги Левит. В конце церемонии этого дня в пустыню отсылался козел, который нес на себе грехи людей (стих 16). Согласно традиционному адвентистскому объяснению, каждая деталь ветхозаветного ритуала имеет аналог в «реальном Дне искупления», который провел Сам Христос. Этот козел по имени Азазелл понимается как символ сатаны. Против этой точки зрения существовал ожесточенный протест, так как это, кажется, подразумевает, что адвентисты на самом деле верят, что сатана играет роль в нашем искуплении от греха.

В последнее время возражения многих «сомневающихся в святилище» (по крайней мере, те, что я слышал), как правило, являются более общими и (или) фокусируются на других вещах. Возражающим сложно принять идею о том, что на небе существует какое – то буквальное, материальное сооружение, с буквальной мебелью и артефактами, в котором есть два отделения, как заявляют многие их единоверцы – адвентисты. Они считают, что довольно нелепо верить в то, что в октябре 1844 года Иисус Христос перешел из одного отделения этого небесного сооружения во второе, где Он и остается до сих пор, прилагая все усилия, чтобы гарантировать, что в небесном подсчете человеческих грехов не будет сделано никаких ошибок. Они интересуются, должны ли мы на самом деле верить в такое буквальное воплощение ветхозаветного символизма?

Вероятно, даже еще более основательное возражение заключается в том, что традиционная адвентистская доктрина о святилище не построена на описании небесного богослужения, описанного в Послании Евреям. Она берет начало в ветхозаветной истории празднования Дня Искупления. Вместо того чтобы толковать ветхозаветный ритуал в свете комментария, данного в Новом Завете, адвентистское толкование основывается на ветхозаветной форме.

1844 ГОД

Для многих людей 1844 год является священной частью адвентистского учения. Более старшие адвентисты вспомнят схематическое представление «2300 вечеров и утр», где с одной стороны стоит дата 457 год до н.э, а с другой стороны стоит 1844 год. Где-то посередине будет изображен символ креста. Сегодня даже то большинство адвентистов, которые настаивают на важности даты 1844 года, не смогут объяснить, откуда появился этот октябрь 1844 года. И, действительно, это потребует некоторых сложных рассуждений. Сомневающиеся говорят о том, что эти подсчеты требуют целого ряда допущений, которые они считают весьма сомнительными.

Традиционное учение адвентистов утверждает, что в книге Даниила находится временное пророчество, которое приводит нас к 1844 году как к тому моменту, когда на небе произошло нечто значительное. Чтобы прийти к такому заключению, нужно было предпринять целую серию действий. В первую очередь человеку нужно признать, что книга Даниила была написана пророком, который жил и работал при дворе вавилонского царя, а позже при персидском дворе в шестом столетии до нашей эры, и он передал ряд пророческих вестей, которые относятся к периоду времени, простирающемуся от его дней до конца времени. Сегодня большинство экспертов в книге Даниила считают, что эта часть Библии на самом деле была написана неизвестным автором во втором веке до новой эры, он использовал имя пророка Даниила для того, чтобы придать своему документу больший авторитет. В наше время такая операция считается серьезным обманом, но в древние времена это было довольно распространенной практикой. В стандартном адвентистском толковании книги злая сила, играющая ключевую роль («малый рог») истолковывается как римско-католическая церковь. Сегодня большинство ученых утверждают, что этот «малый рог» символизирует греческого царя Антиоха IV Епифана, который преследовал еврейский народ и осквернил Иерусалимский храм в 168 году до новой эры.

Чтобы прийти к традиционной адвентистской точке зрения о том, что временное пророчество о 2300 днях завершается в 1844 году, нужно пойти против мнения большинства ученых и придерживаться ранней (шестой век до новой эры) датировки книги, отвергнув альтернативную теорию, которую многие находят гораздо более убедительной. Однако следует отметить, что в пользу ранней датировки книги тоже существуют несколько хороших аргументов. Тем не менее будет полезным знать, что подходы к происхождению книги Даниила резко отличаются.

Следующим шагом на пути к дате 1844 года должно стать признание того, что 8 глава Даниила, где упоминается временной период в 2300 дней, напрямую связана с 9 главой Даниила, где, как утверждается, мы можем найти начальную точку этого пророческого периода. Даниил не понимал видения о 2300 днях из 8 главы книги и продолжал беспокоиться о его возможном значении. Поэтому нам объясняют, что в 9 главе он получил ключ к видению. Там упоминается новый период времени: семьдесят недель «отделяются» для особенной цели. Утверждают, что период в семьдесят недель – это, по сути, первая часть от 2300 дней. Таким образом, если мы знаем начальную точку семидесяти - недельного периода из 9 главы Даниила, мы также узнаем, и когда начнутся 2300 дней из 8 главы книги Даниила. Впрочем, проблема заключается в том, что многие толкователи считают, что между видением Даниила в 8 главе книги и видением из 9 главы прошел значительный промежуток времени (около двенадцати лет), и они считают, что это делает прямую связь глав не настолько вероятной, как традиционно утверждают адвентисты.

Кроме этого, возникает следующее препятствие. В адвентистском учении отправной точкой для семидесяти недель и, следовательно, для 2300 дней считается текст из книги Даниила 9:25. Это момент, как мы читаем в тексте, когда правитель выпустит указ, позволяющий жившим в вавилонском плену Иудеям вернуться в Палестину и отстроить Иерусалим заново. Традиционное толкование говорит нам, что этот декрет был издан персидским царем Артаксерксом в 457 году до новой эры. Однако существовало несколько указов, и не все могут согласиться, что именно этот указ Артаксеркса нужно принимать как исполнение пророчества Даниила 9:25, и что мы можем смело избрать дату 457 г до н.э. в качестве начала семидесяти недель и периода в 2300 дней.

Это не исчерпывает количество шагов, которые нам нужно предпринять, чтобы в конечном итоге получить дату 1844 года. Ключевым является предположение о том, что в библейских временных пророчествах *пророческий день* следует толковать как один *буквальный год*. Если это верно, и верен выбор даты 457 года до н.э, и если периоды времени из 8 и 9 глав Даниила начинаются одновременно, и если 2300 пророческих дней – это на самом деле 2300 буквальных лет, тогда мы придем к дате 1844 года. Но существует ли прочное основание для этого так называемого принципа «день за год»?

Принцип «день за год» не является изобретением адвентистов, в прошлом его часто использовали толкователи пророчеств. Однако это происходило в то время, когда большинство этих толкователей рассматривали «апокалиптические» пророчества (особенно из Библейских книг Даниила и Откровения) как описание мировой истории до Второго Пришествия Христа. Сегодня большинство исследователей Библии предпочитают избирать другие подходы к этим пророческим частям Библии, и лишь немногие из них по прежнему защищают принцип «день за год». Сегодня исследователи считают два текста, которые всегда цитируются в защиту этого принципа (Числа 14:34 и Иезекииль 4:5-6) не очень убедительными – если читать их в контексте.

Другим вопросом, касающимся даты 22 октября 1844 года, который остается серьезной загадкой для большинства адвентистов (и не только для тех из них, кто находятся «на грани») является особенный вид еврейского календаря, который используется, чтобы определить, в какой день в этом году выпадает десятый день еврейского месяца Тишри (в который отмечался еврейский новый год). «Пионеры» адвентистов, которые разработали доктрину о святилище, выбрали календарь еврейского движения караимов. Для большинства членов церкви, которые пытаются понять основы доктрины о святилище, остается тайной, почему они выбрали именно этот календарь.

Тем не менее возникают и другие вопросы. В *Библии Короля Иакова* текст Даниила 8:14 звучит следующим образом: «И сказал мне: "на две тысячи триста вечеров и утр; и тогда святилище *очистится"*». Другие переводы Библии указывают, что святилище будет *восстановлено* или «*будет восстановлено в своем законном состоянии*». Для традиционного адвентизма, который помещает написание книги Даниила в шестой век до н.э. ясно, что «очистится» относится к небесному святилищу, так как Иерусалимский храм в конце периода 2300 *лет* больше не существовал.

Многие адвентисты «на грани» удивляются тому, как нечто настолько сложное, как традиционная доктрина адвентистов о святилище, может иметь решающее значение для нашей веры. Они верят в то, что Христос является их Посредником и что благодаря Христу они чувствуют безопасность. Но идея о существовании буквального святилища на небесах, куда Христос в 1844 году вошел для заключительного этапа Своей искупительной работы, не кажется им достаточно убедительной. И насколько уместно будет рассказывать другим о том, что предположительно произошло в 1844 году? Разве не гораздо важнее беспокоиться о значении вести Евангелия для первой части двадцать первого века?

Следует добавить, что сомнения в традиционной доктрине о святилище существует не только у «верующих на грани»[12]. Как неподтвержденные, так и более твердые данные свидетельствуют о том, что многие члены церкви испытывают беспокойство в отношении традиционных взглядов на святилище, и особенно о толковании Даниила 8:14 и арифметических операциях, основанных на этом тексте[13]. Также существуют данные, которые нельзя назвать неподтвержденными, демонстрирующие, что значительный процент адвентистских пасторов больше не поддерживают традиционную точку зрения[14].

ПРОРОЧЕСТВА О ПОСЛЕДНЕМ ВРЕМЕНИ

Другой областью веры, которая является серьезным источником беспокойства и сомнений среди адвентистских «верующих на грани» является традиционный подход к пророчествам Даниила и Откровения в целом. Да, детали традиционного толкования этих пророческих книг не оговорены в *Основах вероучения*. Но высказывание сомнений об этих верованиях чрезвычайно разочаровывает многих людей, которые считают, что адвентизм потеряет свою идентичность, если мы больше не будем проповедовать и верить в ту «истину», которая разъясняется в книгах, написанных пионерами – адвентистами, или же хотя бы представлена в несколько обновленном виде современными публикациями наших официальных издательств и (даже в большей степени) независимыми публикациями «правого» крыла церкви. Я лично испытал неудовольствие со стороны *Института Библейских Исследований* Генеральной Конференции и ряда лидеров церкви, когда я написал свою докторскую диссертацию об отношении адвентистов к римскому католицизму и попросил о критическом пересмотре некоторых традиционных взглядов[15].

Согласно адвентистского толкования книг Даниила и Откровение эти части Писания повествуют нам о «великой борьбе» между добром и злом, происходящей на протяжении веков. Символы этих книг применяются к историческим событиям и конкретным политическим и духовным *силам*, а временами даже четко идентифицируют *личностей* из прошлого, настоящего или будущего. Считается, что отступление христианской церкви достигло кульминации в папской церкви, которая преследовала народ Божий в прошлом, и вновь займется этим с еще большей ревностью в будущем – при содействии «отступившего» протестантизма и различных оккультных сил. Все события неумолимо движутся к мрачной развязке, которая случится прямо перед Вторым Пришествием Христа, когда небольшой остаток тех верующих, что остались верными, встретятся с непримиримым сопротивлением со стороны всех Божьих врагов, которые вместе составляют «духовный Вавилон».

Согласно этой точки зрения, остаток – это Церковь адвентистов седьмого дня или же ядро верующих – адвентистов, которые остаются верными истине «трехангельской вести». В заключительном конфликте самую решающую роль сыграет суббота. Соблюдающие воскресенье примут «начертание зверя», в то время как хранящие субботу получат «печать» Бога! По всему миру будет принят закон о воскресном дне, и начнется смертоносный крестовый поход против Божьего остатка, в котором римский католицизм при поддержке протестантизма объединит свои силы с Соединенными Штатами Америки.

Можно предположить, что большинство адвентистов, которые придерживаются таких взглядов, не клеймят всех не - адвентистов

«Вавилоном» и не осуждают всех христиан, которые пытаются служить Богу насколько им открыто знание о Нем. Тем не менее понятно, что этот всеобщий для адвентистов пророческий сценарий не поощряет никаких тесных связей с другими сообществами христиан и не поощряет участие в межцерковном сотрудничестве. Все позитивные сигналы экуменических организаций, направленные адвентистской церкви, как правило, рассматриваются с глубоким подозрением, так как мы (как мы думаем) знаем, к чему это приведет в конечном итоге.

Будет серьезным преуменьшением заявить, что многие «адвентисты на грани» больше не могут спокойно воспринимать этот сценарий развития событий. Они задаются вопросом, какие из исторических заявлений, сделанных нами, действительно имеют серьезное обоснование. Они знают, что в прошлом нам пришлось изменить многие толкования, поскольку события на самом деле не пошли по тому плану, по которому ожидалось. Они задают вопрос, являются ли католики нашими врагами и заслуживают ли на самом деле нашего недоверия другие христиане. И они спрашивают, является ли католическая церковь папы Франциска той же самой средневековой организацией, которая организовала инквизицию? Не все ли христиане современного мира сталкиваются с общими для них всех проблемами? Не является ли разгул секуляризации нашего времени гораздо большей проблемой, чем те разновидности христианства, которые отличаются от адвентизма? Не становится ли исламская религия даже на западе гораздо большей головной болью, чем экуменическое движение, некоторые аспекты которого нам не нравятся?

Даже если согласиться с тем, что адвентизм может по праву утверждать, что он должен нести особенную весть, подчеркивающую аспекты Евангелия, которыми другие в большинстве своем пренебрегают, - то гарантирует ли это уверенность в том, что только верующие – адвентисты образуют из себя церковь «остатка», и поэтому это единственное сообщество верующих, которое и будет остатком в конце времени? Для «верующих на грани» традиционные взгляды адвентистов на пророчества все больше и больше становятся почвой для сомнений. Они спрашивают себя самих: «Хочу ли я жить в атмосфере, где я должен считать, что я единственный, кто прав, в то время, как остальные не правы? Не лучше ли мне сосредоточиться на Христе, как на моем Друге, чем на других христианах как на моих врагах?»

ЕЛЕНА УАЙТ

Лишь немногие адвентисты (если таковые вообще существуют) будут отрицать важную роль, которую Елена Уайт сыграла для Церкви христиан адвентистов седьмого дня. В наши дни ее часто – и очень правильно – называют одним из соучредителей Церкви адвентистов. Большинство адвентистов также будут согласны с тем, что она была незаурядной женщиной, которая, несмотря на очень ограниченное формальное образование, оказала огромное влияние на мышление раннего адвентизма и на развитие философии церкви в таких областях, как образование, здравоохранение и благовестие. Мнения начинают расходиться, когда ее способности и достижения описываются как результат действия пророческого дара и когда она возводится в статус пророка.

Многое зависит от того, как определить термин «пророк». Была ли она личностью, которую Бог использовал на ранней стадии истории адвентистской церкви так, как, например, Он использовал Мартина Лютера во время Реформации шестнадцатого века или Джона Уэсли при формировании методизма? Или же она была пророком, который был вдохновлен Богом в том смысле, что все, что она написала, должно в каждой детали быть применимо к нам, живущим и «составляющим» церковь в совершенно других обстоятельствах? Должны ли мы точно так же избрать метод «прямого прочтения», читая написанное Еленой Уайт? И было ли то, что она написала и сказала, последним словом при толковании Библии и решающим критерием при определении доктрин?

В то время как официальное адвентистское учение ясно заявляет, что написанное Еленой Уайт не обладает тем же самым авторитетом, что Библия, многие адвентисты «на грани» обеспокоены неоспоримым фактом того, что в реальной практике не Елену Уайт исследуют с помощью света Писания, но часто все происходит наоборот. Многие, кажется, используют Елену Уайт в качестве непогрешимого руководства к правильному пониманию и применению Библии. Более того, ее слова часто применяются к современным обстоятельствам без какой-либо поправки на совершенно другой контекст, в котором мы живем и работаем сегодня. Многие из верующих, находящихся «на грани», разочарованы проповедями, которые (как бывает крайне часто) содержат больше цитат из Елены Уайт, чем ссылок на Библию, и тем, что для урегулирования любых вопросов звучит мантра «Елена Уайт говорит» или просто «она говорит».

Нужно признать, что среди критиков Елены Уайт есть много людей, которые никогда не читали ни одной из ее книг, и тех, которые очень мало знают о ее важной роли в истории раннего адвентизма. Тем не менее считать, что все сомнения о служении Елены Уайт исчезнут, если люди просто прочитают больше из того, что она написала, будет слишком просто. Есть много людей, которые пытались (с большим или меньшим успехом) внимательно прочитать такие книги, как *«Патриархи и пророки»*, *«Деяния апостолов»*, *«Желание веков»* и *«Великая борьба»*, и нашли в них много возвышенных и вдохновляющих мыслей. Но это не обязательно привело их к убеждению, что все, что написала госпожа Уайт, было полностью верно с исторической точки зрения и что ее понимание библейских и исторических событий – это единственно возможная перспектива. Кроме того, они также читали *биографии* Уайт и открыли для себя, что Елена Уайт не всегда требовала для себя таких почестей, которые требуют ее поклонники. И, к своему ужасу, они обнаружили, что Елена Уайт часто «заимствовала» многие материалы у других писателей. Они обнаружили, что Елена Уайт была обычным, далеким от совершенства человеком, который не всегда был последовательным, мог изменить свое мнение и иногда менял свои взгляды на протяжении времени.

Многие из адвентистов «на грани» протестуют против того, что Елену Уайт возносят на пьедестал и делают окончательным арбитром для всех вещей. Им не нравится тенденция в поместных церквях, когда к Елене Уайт относятся как к святой и ее слова используют в качестве инструмента для критики тех людей, что придерживаются других взглядов в богословии или образе жизни. И у них вызывает отвращение, когда высшие лидеры церкви используют ее слова часто вне контекста, чтобы решить все проблемы и ответить на все вопросы. На самом деле многие «верующие на грани» чувствуют, что такое *использование* слов Елены Уайт и «духа пророчества» (это словосочетание тоже приводят умышленно) рискует превратить адвентистскую церковь в религиозную секту.

ВОПРОСЫ СТИЛЯ ЖИЗНИ

В дополнение к доктринам, которые заставляют многих членов церкви задаться вопросом: «Могу ли я продолжать верить в это?» другие часто возникающие сомнения связаны с вопросами образа жизни. Имеют ли отношение к Библии адвентистские «правила» о пище, украшениях, отдыхе, сожительстве и половых отношениях (включая однополые отношения)? Не являются ли некоторые из этих ограничений просто наследием викторианских времен? Не являются ли большинство из них основанными скорее «на Елене Уайт», чем на Библии? Возможно ли, что некоторые из этих запретов вступают в противоречие с евангельским принципом свободы во Христе?

Сейчас я хочу просто упомянуть эту проблемную область. И позвольте мне сказать, что, положа руку на сердце, сомнения в этой сфере могут (по крайней мере, до некоторой степени и в некоторых случаях) отразиться в желании оправдать свое поведение и укорениться уже в богословских сомнениях без тщательного их рассмотрения.

Можно было бы сказать больше о сомнениях в конкретных доктринах и о важном вопросе, может ли церковная организация требовать верность в столь широком списке доктринальных утверждений, не допуская значительного разнообразия мнений и не призывая к терпимости по отношению друг ко другу, когда люди думают по-разному. Многие люди борются с дилеммой, что им следует делать со своими сомнениями и с мнениями, которые отличаются от официального стандарта церкви, оговоренного в двадцати восьми *Основах вероисповедания*. Могут ли они по-прежнему называться «настоящими» адвентистами? Могут ли они оставаться в рядах адвентистов с чистой совестью? Должны ли они оставаться «на границах» церкви? Могут ли они вновь открыть для себя утешающую роль адвентистской церкви? Или из этой дилеммы нет другого выхода, кроме полного выхода из адвентистского сообщества?

В следующей главе я хочу вернуться к теме сомнений в целом: сомнениях в Боге и сомнениях в церкви. В последующих главах мы сосредоточимся на разрешении сомнений в отношении конкретных доктрин. У меня нет ответов на все вопросы. Я сам постоянно сталкиваюсь с сомнениями и вопросами – в отношении моей веры, моей церкви и важных граней адвентистского вероучения. Но я надеюсь, что последующие страницы помогут читателям этой книги найти некоторые «опоры» для того, чтобы осмысленно разрешить свои вопросы и сомнения.

---

1 Смотрите статью 'How Much Diversity Can We Stand?' в журнале Ministry (April 1994), pp. 5, 27; Также смотрите William G. Johnsson, The Fragmenting of Adventism (Boise, ID: Pacific Press, 1995), pp. 91-95. Книга LeRoy Moore, Adventism: Resolving Issues that Divide Us (Hagerstown, MD: Review and Herald, 1995) фокусируется на разнице во взглядах на закон и благодать, искупление и природу Христа.
2 http://christianforums.com/member.php?u=185580.
3 Roger W. Coon, 'Shaking,' in: Denis Fortin and Jerry Moon, eds., *The Ellen G. White Encyclopedia* (Hagerstown: Review and Herald, 2013), pp. 1157, 1158.
4 Смотрите ссылку 28 на странице 65.
5 'Methods of Bible Study,' in: R Dabrowski, ed., *Statements and Guidelines and Other Documents of the Seventh-day Adventist Church,* published by the General Conference Communication Department, 2005.
6 Смотрите vol. 5, pp. 175-181 of the *Seventh-day Adventist Bible Commentary* (1956).
7 Адвентистское богословское общество Adventist Theological Society (ATS) связано с Церковью адвентистов седьмого дня как ее независимое служение. Согласно его вебсайту, это «международная профессиональная некоммерческая организация, созданная в качестве богословского ресурса для Церкви адвентистов седьмого дня». Организация является консервативной в своем богословии и доверяет существующим лидерам всемирной церкви. Это не так (или, по крайней мере, не так верно) в отношении Адвентистского сообщества религиозных исследований Adventist Society of Religious Studies (ASRS), которое, по мнению многих, имеет весьма «либеральные» взгляды'
8 Смотрите с. 47.
9 Merlin D. Burt, 'History of Seventh-day Adventist Views on the Trinity,' *Journal of the Adventist Theological Society,* 17/1 (Spring 2006), pp. 125–139. See also

Richard Rice, 'God,' in: Gary Charter, ed., *The Future of Adventism* (Ann Arbor, MI: Griffin & Lash, Publishers, 2015), pp. 3-24, and Woodrow Whidden, et al., *The Trinity: Understanding God's Love, His Plan of Salvation and Christian Fellowships* (Hagerstown, MI: Review and Herald, 2002).

10 Эта книга стала результатом продолжительных дискуссий, проходивших в 1955-56 годах между некоторыми представителями адвентистской церкви и двумя лидерами движения евангеликалов. Дональд Барнхауз и Уолтер Мартин хотели больше узнать об учении адвентистов седьмого дня перед тем, как Уолтер Мартин опубликовал свою книгу об адвентизме. Смотрите George R. Knight, Seventh-day Adventists Answer Questions on Doctrine— Annotated Edition (Berrien Springs, MI: Andrews University Press, 2003).

11 Для того, чтобы увидеть очень доступную подборку многих высказываний Елены Уайт о человеческой природе Христа, смотрите Dennis Fortin, 'Ellen White and the Human Nature of Christ,' https://www.andrews.edu/~fortind/EGWNatureofChrist.htm

12 Смотрите Jean-Claude Verrecchia, God of No Fixed Address: From Altars to Sanctuaries, Temples to Houses (Eugene, OR: Wipf and Stock, 2015). Эта важная книга открывает новый взгляд на доктрину о святилище. Она переведена на французский и голландский языки. Веррекиа выступает за честную переоценку традиционного адвентистского взгляда на эту доктрину после того, как подчёркивает широко распространившуюся обеспокоенность среди многих верующих адвентистов о традиционном толковании этой доктрины. Для исторического обзора того, как адвентизм относился к доктрине о святилище, смотрите книгу Alberto R. Timm, 'The Seventh-day Adventist Doctrine of the Sanctuary (1844-2007), in: Martin Pröbstle et al., eds, For You Have Strengthened Me: Biblical and Theological Studies in Honor of Gerard Pfandl in Celebration of his Sixty-Fifth Birthday (Peter am Hart (Austria): Seminar Schloss Bogenhofen, 2007), pp. 331-359.

13 Доктор Дэвид Трим, директор отдела архивов и статистики всемирной Церкви адвентистов седьмого дня, на годичном совещании 2013 года сообщил об исследовании, в котором приняли участие более 4000 членов церкви по всему миру. 38 процентов из них указали, что они не принимают или не полностью принимают доктрину о святилище и следственном суде.

14 В результате опроса, проведенного в 2000 году среди 200 пасторов вокруг Лос Анджелеса (США), было выявлено, что 41 процент из них не верит в традиционное толкование адвентистской доктрины о святилище. Смотрите Aivars Ozolins, 'Doctrinal Dissonance and Adventist Leadership: Recapturing Spiritual Wholeness through Crisis, http://lasierra.edu/fileadmin/documents/religion/School_of_Religion_2011-12/ASRS_2011/05_Aivars_Ozolins_Doctrinal_Dissonance.pdf.

15 Reinder Bruinsma, *Seventh-day Adventist Attitudes toward Roman Catholicism*, 1844-1965 (Berrien Springs, MI: Andrews University Press, 1994).

ЧАСТЬ 2

Встреча с сомнениями и поиск ответов

ГЛАВА 6

Шаг веры

Работать над первыми пятью главами этой книги было относительно легко. Это было *описание* того, что я вижу и испытываю - в окружающем меня мире и в особенности в современном религиозном мире. Речь шла о кризисе в христианской церкви – и более подробно мы говорили о Церкви адвентистов седьмого дня. Затем я перешел к описанию кризиса личной веры, который переживают многие, и в последней главе я касался неудобств, которые испытывают многие адвентисты седьмого дня в отношении некоторых учений и доктринальной жесткости своей церкви. В самом начале книги я объяснял, почему я хочу обратиться к определенной группе читателей: тем, кто считает, что они больше не чувствуют себя как дома в своей церкви, и которые движутся в направлении задней двери. Я назвал эту категорию «верующими на грани» или «на границе» церкви.

Но одно дело просто *описать* ситуацию, и совершенно другое – представить рецепт *исцеления* духовного недуга, от которого страдают столь многие верующие «на грани» - индивидуально и коллективно – и предложить, как можно вылечить церковь вплоть до ее абсолютного исцеления. На самом деле если это то, что вы от меня ждете, вы можете бросить чтение книги на этой странице, потому что вы будете разочарованы. На предыдущих страницах я поднял много вопросов – как «в лоб», так и между строк – на которые у меня сейчас нет ответов. Кроме того, хотя я не считаю себя «верующим на грани», который медленно движется по направлению к выходу из организованной религии, я разделяю многие из опасений этих верующих – маргиналов и часто чувствую точно такое же беспокойство о некоторых современных тенденциях в адвентизме.

То, на что вы можете рассчитывать в этой и последующих главах, будет моей честной попыткой указать на несколько путей разрешения наших (ваших и моих) сомнений и неопределенностей открытым и, надеюсь, конструктивным способом. В годы, предшествующие подготовке этой книги, я много обдумывал вопросы, связанные с этими проблемами. На протяжении многих лет я часто писал об этих темах и разговаривал о них с разными людьми. В последующем повествовании я хочу представить вам некоторые из моих часто предварительных заключений. Я буду более чем счастлив, если хоть кто-нибудь из читателей найдет некоторые советы полезными для себя и сможет преодолеть сомнения или конструктивно решить свои вопросы. И я буду рад, если в результате прочтения этой книги некоторые, возможно, отодвинутся от «границ» и найдут более удовлетворяющий их способ участия в жизни церкви и в жизни, наполненной верой.

ЧТО ТАКОЕ СОМНЕНИЕ?

Давайте прежде всего попробуем удалить несколько часто встречающихся неправильных представлений о сомнениях. Оз Гиннесс, известный христианский писатель, упоминает в предисловии к своей книге о сомнениях три подобных представления:
1. Сомневаться неправильно, потому что сомнение - это то же самое, что и неверие;
2. Сомнения связаны только с верой, но не со знаниями;
3. Сомнения – это то, за что должно быть стыдно, и будет нечестно оставаться в церкви, если у тебя есть серьезные сомнения[1].

Немного позже в своей книге он делает важное замечание о том, что сомнения – это универсальное явление: «Только у Бога нет сомнений», - говорит он[2]. На последующих страницах, надеюсь, мы разоружим эти неверные представления.

Нам нужно немного более полно определить само понятие сомнения. Сомнение – это не то, что можно обнаружить только в религии и вере.

Мы можем сомневаться в мудрости определенных профессиональных решений или выборе, который мы сделали в прошлом. Мы можем сомневаться в выводах, к которым пришли некоторые ученые, или сомневаться в истинности заявлений, сделанных нашими политическими лидерами. Мы можем быть неуверенными в том, что делать с каким-то отдельным проектом или сомневаться в том, что у нас есть достаточный опыт и знания для его выполнения. Мы можем серьезно сомневаться по поводу некоторых важных нравственных проблем. Некоторые люди сомневаются в верности своего супруга. Поэтому, если сомнения – такое распространенное явление, то будет странно, если мы не встретим сомнений, когда выйдем на арену религии. *Сомнения – это не только проблема христиан, это проблема всех людей*[3].

Сомнения не являются чем-то негативным по определению. Они могут стать разрушительными и даже фатальными, если мы не захотим посмотреть правде в глаза, не захотим думать о них и бороться с ними. Они становятся прямой опасностью для нашего духовного здоровья, если мы лелеем наши сомнения, как будто они являются доказательствами нашего независимого мышления и нашего великолепного интеллекта, вместо того чтобы попытаться вступить с ними в борьбу.

Некоторые «святые» прошлых и настоящих времен переживали периоды серьезных сомнений. История святой Терезы из Лизьё (1873-1897) достойна того, чтобы прочитать ее. Французская монахиня – кармелитка, известная в народе как «Маленький цветок Иисуса», является одним из самых влиятельных примеров святости среди римских католиков почти того же масштаба, что и святой Франциск Ассизский. Она умерла от туберкулеза в возрасте 24 лет после того, как прошла через период глубоких сомнений. В определенный момент она исповедовала, что больше не верит в перспективу вечной жизни для себя. Она говорила, что Христос погрузил ее под землю, куда даже не мог проникнуть солнечный свет[4]. Несмотря на свой темный период сомнений, она была канонизирована папой Пием XI 17-го мая 1925 года и теперь ее признают «учителем Церкви».

Мартин Лютер испытывал длительный период сомнений и остро чувствовал отсутствие Бога в жизни. Он ссылался на эти переживания как на «*Anfechtungen*» - религиозный кризис, затронувший все его существо. Позже он признавал, что иногда, когда он выходил проповедовать, он был настолько ошеломлен сомнениями, что слова застывали на его губах.

И, к удивлению многих, даже Мать Тереза прошла сквозь долгие времена духовного опустошения и чувство разъединения с Богом[5]. Хотя она была постоянно радостной на публике, Тереза испытывала период серьезной духовной боли. В более чем сорока письмах, многие из которых никогда прежде не были опубликованы, она оплакивает «безводность», «темноту», «одиночество» и «пытку», которые она испытывает. Она сравнивает свой жизненный опыт с адом и в какой-то момент говорит, что пришла к сомнению в существовании небес и даже Бога[6].

Сомнения – не то же самое, что и неверие. Важно понять это различие. *Неверие* – это умышленный, преднамеренный отказ верить. Это сознательный отказ признать возможность того, что Бог существует и явное отрицание веры. *Сомнение* может быть наилучшим образом охарактеризовано как открытая неопределенность, в то время как *неверие* заключается в закоснелой уверенности, что Бог и вера – это абсурд или, по крайней мере, не имеющие смысла вещи. Я где-то читал (не помню где), что китайцы говорят о сомневающемся человеке, что он тот, кто стоит одной ногой в двух лодках. Английское слово сомнение (*doubt*), как и французское слово *doute*, являются производными от латинского слова *dubitare*. Оно говорит о состоянии разделённости – существовании в человеке двоемыслия.

Известный протестантский богослов Пауль Тиллих (1886-1965) сделал заявление, которое сегодня часто цитируется и которое также связывают со святым Августином: «Сомнение не противостоит вере, это часть веры» . Иудейский автор Исаак Башевис Зингер

(1902-1991) также очень позитивно отзывается о роли сомнения: «Сомнение – это часть всех религий. Все религиозные мыслители были сомневающимися людьми»[8]. Альфред Лорд Теннисон (1809-1892), один из наиболее популярных поэтов викторианской эпохи, написал в поэме «*В воспоминание*»: «В честном сомнении живет больше веры, чем в половине символов вероучений, поверьте мне»[9].

Проба на вкус некоторого количества сомнений может углубить нашу веру. Этот опыт может принести нам более прочную, закаленную и устойчивую веру. В своей книге «*Дар веры*» Гарри Паркер пишет: «Если вера никогда не встречает сомнения, если истина никогда не борется с ошибками, если добро никогда не воюет со злом, как тогда вера узнает о своей силе[10]?» Изо всех определений термина «сомнение», которые я встречал, возможно, самое лучшее дал Оз Гиннесс: «*Сомнение – это вера, потерявшая фокусировку*»[11].

ЯВЛЯЕТСЯ ЛИ СОМНЕНИЕ ГРЕХОМ?

Многие «верующие на грани» плохо чувствуют себя или даже испытывают чувство вины, когда переживают сомнения. Они думают, что сомневаться неправильно. Они помнят историю Адама и Евы и встречу первых людей с лукавым, который встретился с ними в образе змея. У первой пары не было причин для сомнения – они жили в совершенной гармонии и полном покое в восхитительном саду. У них был открытый канал общения с их Творцом. Но когда на сцену вышел дьявол, вместе с ним пришло и сомнение. Он предложил идею того, что Адам и Ева могут вполне оправданно сомневаться в благих намерениях Бога. По словам дьявола, Бог скрывает от них те вещи, которые бы сделали их более зрелыми. Тогда Адам и Ева забеспокоились о том, правда ли это. Они не думали о такой возможности до момента, когда сомнения проникли в их разум – и принесли роковые последствия. Все люди, которые читают эту историю, проводят параллели между дьяволом и грехом с одной стороны, и сомнением с другой стороны.

В книге «Путь ко Христу», одной из самых известных своих книг, Елена Уайт также устанавливает эту прямую связь между сомнением и грехом. Двенадцатая глава ее книги называется: «Что делать с сомнениями?» Она начинает эту главу, признавая, что у христиан нет иммунитета против сомнений.

«Многие из тех, кто только вступил на путь христианской жизни, бывают мучимы сомнениями. В Библии есть немало такого, что они не могут понять и объяснить, а сатана, пользуясь этим, старается поколебать их веру в Священное Писание. Такой человек спрашивает: "Как мне найти верный путь? Если Библия действительно есть Слово Божие, то как мне освободиться от моих сомнений и смущающих меня мыслей?"[12]*»*

Мы можем отметить, как незамедлительно на этой картине рисуется сатана – дьявол. Совсем не сложно найти другие места, где Елена Уайт изображает похожую связь. Возьмите, к примеру, следующее утверждение: «Сатана будет работать изобретательно и разнообразно, используя различные средства, дабы подорвать веру Божьего Остатка в истинное свидетельство»[13].

Правильно ли проводить параллель между сомнением с одной стороны и «дьяволом» и «грехом» с другой? Да и нет. Если предположить, что все проблемы в той или иной мере являются негативным результатом того, что люди позволили «злу» войти в наш мир и заразить нашу жизнь, тогда можно ответить «да». Но это было бы весьма односторонним толкованием. Потому что, если мы хорошо приглядимся к другим Библейским историям, мы увидим другую картину, демонстрирующую сомнения с иной стороны. (В этот момент мы не будем излишне переживать об *историчности* приведенных библейских историй, но сфокусируемся на *вести*, которая содержится в этих историях для нас).

Давайте посмотрим на одного из самых известных сомневающихся, которые упоминаются в Библии, - Иоанна Крестителя. Он был «предтечей» Иисуса. Иисус пришел к нему, когда Иоанн крестил людей на реке Иордан, и он прекрасно знал, кто такой Иисус. Он понимал, что в тот момент, когда Иисус начнет мессианское служение, его собственное служение неизбежно разрушится. Евангельское повествование дает нам лишь несколько деталей, рассказывающих об Иоанне и его работе, но затем мы встречаем его в качестве заключенного в крепости Махерон, которую царь Ирод построил неподалеку от Мертвого моря. Иоанн еще жив, но у него нет иллюзий по поводу своего будущего. Он глубоко подавлен, и его сердце переполнено сомнениями. Как могло случиться такое, что он должен закончить свою жизнь в тюрьме? Он, как и многие другие люди вокруг него, верил, что Иисус был тем Мессией, который принесет освобождение от угнетения народа римлянами. Однако этого не случилось. У Иисуса была лишь небольшая группа последователей. У Него не было стабильного места, где Он мог бы жить в относительном комфорте, у Него также не было представительства или штаб-квартиры, где Он мог бы принять лидеров Своего народа и дипломатов из окружающих стран, если бы Он планировал установить Свое правление.

В отрывке, записанном в Евангелии от Матфея 11:2-14, мы читаем историю о том, что Иоанн послал несколько своих учеников к Иисусу. Бывали лучшие времена, в которые он был уверен: этот Иисус является Агнцем Божьим, который берет на Себя грех мира (Иоанн 1:29). Но теперь эта уверенность полностью исчезла, и он посылает своих учеников к Иисусу с вопросом: «Ты ли Тот, Который должен прийти, или ожидать нам другого?» Может ли сомнение быть более серьезным, чем в этом случае, когда ты всю свою жизнь посвятил поддержке или работе на кого-то, потому что ты на самом деле верил в эту личность, и в конце концов ты задаешь вопрос, не было ли все это фарсом. Не является ли человек, которому ты доверял, возможно, самозванцем?

Иисус не ругал людей, которые пришли к Нему от имени Его двоюродного брата Иоанна. Он просто предложил им держать глаза открытыми, посмотреть вокруг и рассказать Иоанну о том, что они видят и слышат о служении Иисуса. Будет неплохо, если вы найдете эту евангельскую историю и перечитаете ее. И когда вы это сделаете, не пропустите замечание, которое Иисус сделал об Иоанне, в котором он поставил этого человека на тот же уровень, на каком находился великий ветхозаветный пророк Илия: «Истинно говорю вам: из рожденных женами не восставал больший Иоанна Крестителя... От дней же Иоанна Крестителя доныне Царство Небесное силою берется, и употребляющие усилие восхищают его, ибо все пророки и закон прорекли до Иоанна. И если хотите принять, он есть Илия, которому должно прийти». (Матфей 11:11-14). Ясно то, что Иисус не считал Иоанна Крестителя безнадежным грешником из-за того, что тот был временно побежден серьезными сомнениями.

Сомнение не то же самое, что грех – по крайней мере, не грех в смысле личного падения, который должен был бы вызвать в сердце сомневающегося чувство вины. Мы обнаруживаем это не только в истории Иоанна Крестителя, но и в других библейских историях о сомневающихся людях. Все мы знаем Фому, одного из двенадцати учеников Иисуса, знакомого всем своими сомнениями. Говорится, что Фома не присутствовал в том месте, где воскресший Иисус впервые явился своим ученикам, и что когда Фома услышал рассказ о явлении Иисуса, то отказался верить, что Иисус на самом деле жив. Фома хотел доказательств, которые он мог бы проверить. Вскоре после этого он увидел Иисуса и коснулся Его ран. Его сомнения рассеялись, и он признал Иисуса Тем, Кем Он был: «Господь и Бог мой» (Иоанн 20:28).

У нас нет возможности узнать о том, является ли апокрифическая история о *деяниях Фомы*[14], в которой повествуется о смерти апостола в 72 году н.э., исторически верной, но некоторые другие источники соглашаются с тем, что он принял мученическую смерти в Милапоре, районе индийского города Ченнаи. Его вывели в место, находящееся за городом, и там четверо солдат пронзили его своими копьями. Серьезные предания помещают Фому в Индию, где он проповедовал Евангелие с 52 года н.э. У Фомы было впечатляющее апостольское резюме, несмотря на то что в Евангелии от Иоанна (20:19-29) он изображен сомневающимся.

Иоанн Креститель и Фома – это не единственные библейские сомневающиеся. Подумайте об историях Авраама и Сарры, о Захарии, отце Иоанна Крестителя. И подумайте об Иове. Во время своих страданий Иов боролся с сильнейшими сомнениями, но он не оставил Бога, как предлагала сделать его жена. Он задавался вопросом: как такое могло с ним случиться? Это было несправедливо. Как можно было примирить его злоключения с картиной любящего и сострадательного

Бога? Очень полезным опытом становится прочтение нескольких последних глав книги Иова. Иов пришел к выводу, что в конечном счете его сомнения были вызваны неполноценным представлением о Боге!

(НОВОЕ) ОТКРЫТИЕ ВЕРЫ В БОГА

Для многих людей последние выводы, сделанные Иовом, пока еще недоступны. Они продолжают бороться со своими сомнениями. Если сомнение – это точка на полпути между верой и неверием (я считаю, что это на самом деле так), то что же нужно сделать, чтобы «верующий на грани» двинулся от нее к вере, а не продолжал свое движение все дальше и дальше, закончив полнейшим неверием[15]?

Часто говорят, что для веры в Бога требуется сделать большой шаг. Поль Рикёр (1913-2005), известный французский философ – протестант и признанный эксперт в области герменевтики (науке о принципах толкования Библии), призывал людей *начинать* свой духовный путь с веры, а не с сомнений и предлагал развеивать эти сомнения с помощью усилий интеллекта. Он бросает таким людям вызов начать с «пари». Рикёр говорит, что будет лучше, если мы возьмем на себя рассчитанный риск, предположив, что вера в христианское повествование будет более плодотворной для нашей жизни в этом мире, чем скептицизм. Это совсем не значит, что нам надо просто попытаться забыть наши сомнения и вопросы, нет, нам надо решить двигаться вперед на основе *гипотетической веры*. Сделав это, мы должны решить поместить себя в среду, где практикуется вера (или убедиться, что мы по-прежнему находимся там)[16]. Нам нужно дать христианскому повествованию шанс произвести на нас впечатление, а затем нам следует подождать и посмотреть, что оно с нами сделает. Если мы предпримем такой «шаг веры», мы обнаружим, что вкус приходит во время еды.

Окружающая среда, в которой мы находимся, оказывает значительное влияние на наш опыт. Очень сложно наслаждаться одним из Бранденбургских концертов Иоанна Себастьяна Баха во время работы в авторемонтной мастерской, где все виды механического шума и лязга мешают красоте этого замечательного примера классической музыки. Если мы чувствуем напряженность и беспокойство, мы с большей вероятностью найдем покой и расслабление во время спокойной прогулки по пляжу или на приятной террасе кафе, где будем потягивать из кружки кофе со взбитыми сливками, чем при езде в переполненном поезде или перемещении по городу в час пик. Ужин при свечах в уютном ресторане, как правило, больше располагает к романтической обстановке, чем стояние в очереди в Макдональдсе. Атмосфера средневекового собора, чтение духовной книги, вдохновляющая музыка, компания хорошего друга или знакомого, который является настоящим верующим, очарование красотой природы – все эти вещи могут создать ту благоприятную среду, которая посодействует чувству полной зависимости от Бога – интуитивной уверенности в том, что существует Тот, кто о тебе заботится.

Рикёр предполагает, что вера лучше всего зарождается, растет и поддерживается в той среде, где говорят «на языке веры». Лучшим способом изучения языка и сохранения навыков говорения на нем будет погружение человека в этот язык. Все это одинаково верно и для языка веры. Я согласен с Рикёром на основании своего собственного опыта. Когда в 1984 году я со своей семьей переехал в Камерун, страну в Западной Африке, я обнаружил, что в церковном учреждении, куда меня направили, на английском языке говорил только один человек. Около сорока сотрудников общались между собой на Булу – одном из многочисленных языков этой страны. Официальным языком в Камеруне был французский. У меня были некоторые базовые познания во французском языке, которые я приобрел в средней школе. Однако несколько первых недель почти свели меня с ума, когда я не понимал практически ничего из того, что люди мне говорили. Но я слушал и пытался говорить с ними, хотя моя грамматика была безнадежно неправильной, а мой словарный запас был крайне минимальным. Я купил местную газету и «религиозно» изучал ее каждый вечер. Я решил добавлять двадцать новых слов в мой французский словарь каждый день. Через два месяца или около того лед достаточно неожиданно тронулся. Я обнаружил, что я начал понимать, что говорят люди. Еще через какое-то время я стал достаточно свободно разговаривать на французском и даже рисковал проповедовать на этом языке. Тем не менее я должен признать, что сегодня я потерял большую часть моих знаний французского, потому что сегодня я крайне редко оказываюсь во франкоязычной среде. Мой опыт с изучением шведского языка очень похож. Мы с женой хотели выучить этот скандинавский язык по хорошей причине: две наши маленькие внучки живут в Швеции и говорят больше на шведском, чем на голландском. Сейчас мы пришли к той точке, когда мы можем разговаривать с ними, ну а в качестве экстра бонуса, мы можем читать превосходные криминальные новеллы о Валландере на языке их оригинала! Опять же секрет заключается в том, чтобы погрузиться в шведский язык настолько глубоко, насколько возможно.

Поэтому, говорит Рикёр, если вы хотите помочь людям, у которых трудности с верой, посоветуйте им вовлечься в среду с *языком веры* и остаться там.

Если вы являетесь тем верующим, кто находится «на грани», и чувствуете опасность потери веры, читайте Библию, даже если это, на первый взгляд, не будет казаться вам чем-то значимым. Даже если вы утомились от вопросов, в которых не согласны с Библией, тем не менее это будет по-прежнему хорошая идея. (Просто пропускайте, по крайней мере, до поры до времени те части, которые считаете сложными для проглатывания). А также убедите себя посещать церковь, где вы будете слышать язык веры, даже если многие элементы церковного служения могут расстраивать вас и даже если вы можете встретить там людей, от которых предпочли бы держаться подальше. Слушайте молитвы других и сами произносите молитвы, даже если вы задаетесь вопросом, есть ли от этого хоть какая-то польза. Еще раз: *погрузитесь в языковую среду веры.*

Многие люди, которые сделали такое, рассказывали, что они *получили* веру или вновь открыли ее для себя. Я использую слово «получили» по определенной причине. Потому что в конце концов вера – это дар, а не что-то, что является результатом нашего собственного сложного интеллектуального труда. Позже мы вернемся к этому вопросу.

Многие из тех людей, кто последуют по пути, который рекомендуют Поль Рикёр и другие, смогут засвидетельствовать, что христианство истинно, потому что «оно работает». Но будет правдой и то, что вера требует огромного *шага*! Кто-то скажет, что это шаг в темноту или даже будет утверждать, что вера – это психологическое отклонение, умственная дисфункция. Зигмунд Фрейд (1856-1939) был самым известным сторонником этой точки зрения. Он считал религиозную веру просто выдаванием желаемого за действительное. И он также использовал в своей характеристике менее добрые слова, такие, как неврозы, иллюзии, яд и дурман. Он говорил, что Бог как Небесный Отец – это просто проекция зависимости от нашего земного отца, полученная из нашего подсознания. Другие люди тоже утверждают подобные вещи.

Конечно, Фрейд и другие люди, которые думали и продолжают думать, как он, имеют право на свое *мнение*. Для этого и существуют разные мнения. Не существует достатчного количества объективных *доказательств*, которые поддерживали бы их идеи. Следует отметить и то, что поместив все в область подсознания, теория Фрейда удобно уходит от проверок любого рода! Кроме того, после некоторого размышления предположение о том, что вера может быть сведена к выдаванию желаемого за действительное, не окажется сильно привлекательной. Дело в том, что многие черты религиозной веры (например, грех и суд) просто не соответствуют нашим самым смелым мечтам!

СУЩЕСТВУЮТ ЛИ ОСНОВАНИЯ ДЛЯ ВЕРЫ В БОГА?

Я постараюсь не слишком сильно углубляться в технические детали, но наша тема требует того, чтобы мы прозондировали вопрос немного глубже. Во второй главе мы увидели, что лишь немногие люди сегодня впечатлены – и убеждены – классическими «доказательствами» существования Бога. Когда я сам боролся с вопросом, могу ли я быть уверен в существовании Бога, я испытал верность «метода», который рекомендовал Поль Рикёр. Но я также очень многое получил от прочтения двух других важных книг. Во время своего отпуска я случайно (или же это было предопределением) увидел первую из этих двух книг в маленьком книжном магазине в провинциальном шведском городке. Я спрашивал себя, почему она оказалась там среди всего лишь нескольких посредственных книг по богословию и философии. Я искал что-то «серьезное», чтобы почитать, но увидев, что у меня не сильно большой выбор, купил книгу Нэнси Мерфи, «*По ту сторону либерализма и фундаментализма*»[17]. Я не помню, где я нашел вторую книгу, «*Подтвержденная христианская вера*»[18]. Она написана Алвином Плантинга, который сегодня является почетным профессором в престижном католическом университете Нотр Дам в Саут Бенд, штат Индиана, США. Два этих богослова помогли мне смягчить эту напряженность и успокоиться с вопросом о существовании Бога. Они сообщили мне, что не существует сильных «доказательств» существования Бога, но тем не менее есть веские аргументы для веры в то, что Он существует. В своих книгах они объясняют, что для сомнений всегда существует место, но что сами по себе сомнения не являются неразрешимой проблемой.

Для пастора церкви адвентистов седьмого дня, конечно же, всегда будет полезно упомянуть, что Елена Уайт искренне соглашалась с этой точкой зрения! И она на самом деле высказывалась об этом. Позвольте мне, перед тем как я перейду к более философской терминологии, которую я нашел в книгах Нэнси Мерфи и Алвина Плантинга, процитировать несколько строк из книги «Путь ко Христу» из главы, которую я уже приводил выше:

> «*Бог никогда не просил бы нас верить Ему, если бы не дал достаточно веских доказательств для утверждения нашей веры. Его существование, Его характер, истинность Его Слова основаны на свидетельствах, которые взывают к нашему разуму, и таких свидетельств достаточно.* Однако Бог не исключил и возможности сомнения»[19].

Я надеюсь, что у вы достаточно терпеливы и выносливы для того, чтобы остаться со мной, когда мы оставим Елену Уайт и перейдем к Мерфи и Плантинга. Они обращаются к вопросу, существует ли твердое основание для нашей глубокой веры в Бога. Как и Елена Уайт, они тоже утверждают, что для сомнений всегда будет место! (Если дальнейшее повествование покажется на ваш взгляд слишком философским, не стесняйтесь просто пропустить оставшуюся часть этого подраздела главы).

Если мы говорим о Боге, то как можно быть уверенным в том, что мы не просто произносим благочестивые слова, а на самом деле рассуждаем о существующей Реальности? Как можно быть уверенными в том, что мы говорим о личностном Существе, которое в реальном времени действует и вмешивается в наш мир? И можем ли мы быть абсолютно уверены, что кирпичики, составляющие христианскую веру, абсолютно и бесспорно верны? Существуют ли хоть какие-то нравственные принципы, которые являются вневременными и неизменными?

Философский фундаментализм – это название подхода в философии, который пытается обнаружить такие абсолютные принципы – верования, которые для своего оправдания не зависят от других убеждений, но являются «базовыми», или «прямыми» . На рынке философии существуют несколько разных версий фундаментализма. «Твердые», или «классические», фундаменталисты строят свои взгляды на убеждении в том, что все знания на самом деле могут иметь своим основанием некоторые абсолютные и неопровержимые принципы.[20] Согласно этой теории, эти базовые принципы считаются истиной на основании собственного свидетельства. Другими словами, когда вы встречаетесь с ними, они поражают вас с такой силой, что вы не можете делать ничего другого, кроме как принять их. Сегодня существуют широко распространенные сомнения по поводу неоспоримости этого «твердого» фундаментализма. Оппоненты утверждают, что к этим якобы «базовым» вопросам никто не может даже подойти без предубеждений. Самое главное требование классического фундаментализма не является подлинно базовым утверждением. И даже если некоторые из этих принципов, которые кажутся «базовыми», поддерживают друг друга, это так называемое «совпадение» не может являться неопровержимым доказательством их истинности.

Если этот «твердый» фундаментализм является слишком далеким мостом для нас, значит ли это, что не существует ничего крепкого, на чем можно было бы построить свое основание? Неужели в мире нет ничего, кроме социальных обычаев и личных предпочтений, и скептическое отношение ко всему оправдано? К счастью, мы можем пойти по дороге, которую обычно называют «скромным фундаментализмом». Согласно этому подходу, нам следует иметь дело не с *абсолютной* уверенностью, а с уверенностью, которой будет *достаточно*, чтобы обосновать нашу веру (в очередной раз с нами согласится Елена Уайт, даже если она никогда и не слышала о термине «*фундаментализм*», в чем я уверен). «Скромные» фундаменталисты говорят, что их базовые убеждения вполне открыты для некоторых возможных сомнений, но это «вполне приемлемо, пока не возникнет достаточная причина посчитать, что они были подорваны. Они невиновны, пока не будет доказана их вина»[21].

Пожалуйста, останьтесь со мной еще лишь на короткое время! Многие из тех, кто изучал эту тему, настаивают на том, что понятие может считаться надежным до той поры, пока для его получения был использован надежный метод[22]. Если различные идеи согласуются друг с другом и образуют единое целое, то это – хороший повод для того, чтобы принять их как истину. Однако в этой мысли отсутствует предположение, что выверенный набор убеждений приходит в форме полноценного *строения*, поскольку такая метафора сделает заявление об его истинности слишком твердым. Но верования, как говорят Нэнси Мерфи и другие сторонники точки зрения «скромного фундаментализма», являются взаимозависимыми: каждое убеждение получает поддержку только в связи с другими верованиями и в конечном счете с целым[23]. Американский философ Уиллард Куайн (1908-2000) предпочитал использовать метафору *сети*[24]. Образ сети предполагает, что отдельные волокна могут быть хрупкими и уязвимыми, но все нити в целом образуют прочную структуру. Таким образом, отдельные убеждения могут иметь слабости и могут быть подвергнуты сомнению, но множество связанных верований дает нам достаточно серьезную основу для дальнейшего использования. Алвин Плантинга (г.р.1932) ввел понятие «*подтвержденных* убеждений»[25]. Он утверждает, что у нас не может быть абсолютной уверенности в наших верованиях, которую ищут «твердые» фундаменталисты, но что существует достаточно «подтверждений» для поддержки убежденности в основах христианства.

Даже если во все это вовлечен элемент выдавания желаемого за действительное, Плантинга утверждает, что он не может дискредитировать идею веры. Возможно, что наш Бог – Великий Дизайнер (если предположить, что Он действительно существует) устроил нас с каким-то встроенным желанием верить в Него и знать о Его присутствии. «Психологически люди могут быть так сконструированы Творцом, что, когда они проходят через некоторые разновидности жизненного опыта, их результатом станет... вера в Бога»[26]. Может быть, великий отец церкви Августин (354-430) указывал нам именно в этом направлении своим знаменитым изречением: «*Не знает покоя сердце наше, пока не успокоится в Тебе, Боже*[27]!»

ВЕРА ЗА ПРЕДЕЛАМИ РАЗУМА

Перед тем как мы оставим этот аспект, позвольте мне ясно показать, что не все, что выставляется напоказ в качестве веры, таковой является. Существует такая вера, которая не является здоровой и которая угнетает людей. Она заставляет людей чувствовать себя зажатыми и приносит страх и неврозы. Существует такая вера, которая приводит к отвратительной заносчивости на основании того, что ты обладаешь истиной в последней инстанции. Такая вера поощряет нетерпимость и часто приводит к ужасным гонениям.

Ханс Кюнг, римско-католический богослов, которого (мягко говоря) не всегда ценили руководители его церкви, очень хорошо сказал об этом:

> «*Вера в Бога часто бывает авторитарной, тиранической и реакционной. Она может привести к беспокойству, незрелости, ограниченности взглядов, нетерпимости, несправедливости, разочарованию и социальной изоляции. Она может узаконить и вдохновить безнравственность, социальное насилие и войны внутри страны и между странами. Но вера в Бога также может освобождать, направлять в будущее и приносить пользу людям, она может произвести в жизни доверие, зрелость, широту*

взглядов, терпимость, солидарность, укрепление творческих и социальных связей, духовное обновление, социальные реформы и мир во всем мире»[28].

Мы хотим иметь или же восстановить именно такую «освобождающую» и «приносящую пользу» веру. Только вера, которая созидает, которая помогает расти личности, которая делает людей более человечными, достойна такого имени[29].

Некоторые люди говорят о вере и доверии Богу так, как будто это что-то странное, что мы уже должны были перерасти. Нам нужно решительно протестовать против этого взгляда. Все мы все время верим во множество разных вещей. Когда я веду свою машину через узкий мост, я, не колеблясь, следую за другими автомобилями. Я не останавливаюсь и не провожу самостоятельно тщательное исследование прочности опор, поддерживающих структуру моста. Мост стоял здесь много лет. Сотни машин проезжали по нему каждый день. У меня есть достаточно сильная вера в то, что мост выдержит и меня, когда я по нему поеду.

У нас есть вера во многие другие вещи. Я никогда не был ни на Северном Полюсе, ни на Южном. (Но кто знает, я продолжаю мечтать о круизе по Арктике!). Однако я видел множество фотографий людей, которые стоят с флагом своей страны на месте, которое они называют полюсом. У меня нет возможности проверить это. Эти фотографии могут быть подделаны в Северной Канаде или Сибири, или они были сделаны вундеркиндом из Майями на компьютере с помощью фотошопа. Но я не являюсь членом сообщества, верящего в «плоскую землю», я верю, что наш мир – это шар и что на противоположных его концах есть две точки – два «полюса». Я не сомневаюсь в том, что достаточно много людей смогли попасть туда разными способами. Точно так же, когда мы садимся в автобус или на самолет, у нас есть вера в навыки водителя или пилота, а когда мы идем в ресторан, мы верим, что повар нас не отравит.

Х.С. Рюмке (1893-1967), один из самых известных голландских психиатров середины двадцатого столетия, привел веские аргументы в пользу нормальности религиозной веры в своей классической книге о характере взаимосвязи веры и неверия[30]. Он говорит, что если мы определим веру как доверие чему-то, что оно – истина, и действие в соответствии с этим доверием без определенных интеллектуальных доказательств, то мы должны будем прийти к заключению, что не существует людей без веры. Все наше существование основано на такой доверяющей вере, которая не отличается от инстинкта или интуиции. Религиозная вера является специфической формой веры. Предположив, что такого рода вера является свидетельством психического расстройства или слабого развития, мы проявим необоснованные предубеждения[31].

По-видимому, вера не может быть приравнена к интеллектуальному принятию логических аргументов или каких-то несомненных положений. И даже рассуждения Плантинга о «подтвержденных убеждениях» не развеют все облака сомнений. Вера в существование Бога и в то, что мы можем в Него верить (то есть, доверять Ему) выходит за рамки того, что мы можем доказать нашим разумом, каким бы блестящим он, по нашему мнению, ни был, и она выходит за пределы того, что мы можем видеть, слышать или чувствовать. Это то, что автор Послания к Евреям подчеркнул в своем знаменитом определении веры: «Вера же есть осуществление ожидаемого и уверенность в невидимом» (Евреям 11:1). Или, как перефразировал этот текст в *своем издании Библии* Юджин Петерсон: «Вера – это прочный фундамент под всем, что делает жизнь стоящей того, чтобы жить. Это то, когда мы схватились за то, чего мы не можем увидеть»[32]. Это определение не означает, что мы должны сказать «до свиданья» разуму и интеллекту. И это не значит, что Марк Твен был прав, когда он сказал: «Вера – это когда ты убежден в том, о чем знаешь, что это неправда!» Вера не заключается в том, чтобы оставить наш интеллект и войти в мир магии и научной фантастики, где все возможно.

Скептики, которые хотят подвергнуть сомнению абсолютно все, конечно же, продолжат утверждать, что вера должна быть основана на достоверных свидетельствах, то есть на доказательствах, которые могут быть проверены при помощи наших чувств. Но в действиях и рассуждениях скептиков присутствует роковая непоследовательность:

в конкретной ситуации скептик, который считает, что он не может быть уверен ни в чем, обязательно оставляет свой скептицизм. Когда загорится дом, он не будет сомневаться в реальности огня, но наберет номер экстренной службы, сгребет несколько ценных вещей и выбежит из дома!

Разумеется, разум важен, но, когда дело доходит до действия, то почему мы должны доверять лишь одной из способностей, которыми мы наделены, и отбрасывать остальные? Почему мы должны, например, доверять разуму больше, чем ощущениям или интуиции? Выбор того, что после всего сказанного и сделанного мы обязательно должны полагаться исключительно на разум, это наше произвольное личное решение[33]. Как говорит Ханс Кюнг, вера «будет половинчатой, если она будет обращена лишь к нашему разуму и пониманию, а не к личности целиком, включая наши сердца». В первую очередь, это не предмет наших богословских заявлений или доктрин, как они сформулированы церковью, или же интеллектуальных аргументов. Вера очень сильно связана с нашим воображением и эмоциями[34].

Вера в Бога сопровождается множеством сложностей, но она достойна того, чтобы «попытаться поверить»[35]. Мы можем чувствовать, что у нас нет достаточного количества доказательств, чтобы быть уверенными во всем . Но, с другой стороны, у нас слишком много свидетельств, чтобы их проигнорировать. У нас может не быть окончательных доказательств, но до сих пор еще никто не предъявил убедительное доказательство не - существования Бога. Вера в Бога – это деяние цельной личности человека, его разума и его сердца, это акт разумного доверия, для которого может не быть прямых доказательств, но для которого есть веские причины!

КТО ТОТ БОГ, КОТОРОМУ МЫ МОЖЕМ ДОВЕРЯТЬ?

Нам нужно сделать еще один шаг, или даже *прыжок*, в нашем поиске веры. Важный вопрос, который мы должны задать, заключается в том, направлена ли наша вера к *истинному* Богу. Христианская вера, прежде всего, заключается в доверии *Личности*. Некоторые люди ошибочно сосредотачивают свою веру на Библии и делают Писания своим богом. Многие христиане повторяют эту ошибку. Многие протестанты поклоняются скорее книге, чем Личности; они делают целью веры документ, а не Того, о ком этот документ рассказывает. Многие римские католики совершают ошибку, делая фокусом своей веры церковь, а не Того, о Ком церковь должна проповедовать . Некоторые адвентисты сосредотачивают свою веру на двадцати восьми *Основах вероучения*. Однако нам нельзя забывать, что *истинная вера – это доверие в отношениях одной личности с Другой*. Все остальное вторично.

Но тогда мы возвращаемся к нашему ключевому вопросу: *можем ли мы доверять Богу, который допустил случиться столь многим ужасным событиям*? На этот вопрос нет легкого ответа. На самом деле, на него вообще нет окончательного ответа. В конечном счете, единственной реакцией человека может быть следующее: Если Бог есть любовь и Он знает все, Он знает и то, что Он сейчас делает. У Него должны быть причины для того, чтобы позволить злу действовать в нашем мире. Да, Он всемогущ. Он *может* сделать все, что угодно, но Он *выбрал* делать то, чем Он занимается сейчас. Он выбирает использовать Свою силу Своими непостижимыми путями. Если наш Бог – тот Бог, о Котором повествует Библия, то Он премудрый и Его мудрости можно доверять, каким бы сложным не было это доверие для нас во временя ударов судьбы.

Я не знаю ни одной библейской истории, которая бы подтверждала эту точку зрения лучше, чем повествование об Иове, одном из патриархов, у которого в начале истории было все, чего бы он ни захотел, и потом он все потерял: все свое материальное имущество, свой дом и даже своих детей. Неудивительно, что он тоже задал этот вечный вопрос: *почему*? Его «друзья» делали вид, что они знают ответ. Они утверждали, что в жизни Иова должна быть какая-то ужасная тайна, из-за которой Бог его наказал. Сам Иов был в недоумении, не понимая, почему на него ниспали такие трудные времена. Его жена посоветовала ему перестать верить в Бога.

В этой истории потерь и вознаграждения, по общему признанию, есть несколько очень замечательных аспектов. Прежде всего, в этой библейской книге есть кое-что, что я нахожу очень сложным для понимания. В первой главе очень важным игроком на поле становится сатана. Как ни странно, дьявол все еще имеет доступ на небо и мы читаем, что он может прийти в Божье присутствие. Он спорит с Богом об Иове и указывает на эгоистичные мотивы в послушании того Богу. В результате этой дискуссии Бог позволяет сатане испытать Иова, хотя и устанавливает границы этого испытания: сатана не может забрать жизнь Иова. Я должен признать, что я считаю эту историю странной, но если мы сделаем из нее выводы, то ее смысл заключается в том, что существует гораздо более сильное погружение в тайны зла, страданий и смерти, чем мы можем увидеть или представить. Эта ветхозаветная история говорит нам, что в проблеме зла и страданий существует сверх - человеческое измерение, и, следовательно, нам, как ограниченным человеческим существам, не нужно предполагать, что мы сможем найти окончательные ответы на эту проблему.

Но существует и заключительный раздел книги Иова. Это одна из моих самых любимых частей Библии. Она говорит нам, что Богу нельзя дать точное определение, так как Он бесконечно отличается от нас и Он безгранично более велик, чем все, что мы только можем себе представить. Когда друзья Иова не нашли других слов и сам Иов не нашел выхода из своего затруднительного выбора, Бог проговорил к нему «из бури» и выразил то, что хотел сказать, задав Иову ряд интригующих вопросов:

«Кто ты такой,
чтоб Мой замысел очернять
словами, за которыми знания нет?
Препояшь свои бедра, как муж!
Я спрошу, а ты Мне ответь:
где ты был,
когда Я землю основал?
Скажи, если сведущ и разумен.
Если знаешь, скажи,
кто размер ее наметил
и кто натянул над ней шнур?
На чем держатся ее устои,

и кем положен
краеугольный камень
при ликовании
всех утренних звезд
и радостных кликах
сынов Божьих?
Кто запер врата моря,
когда из недр оно выходило,
когда Я окутал его облаками,
запеленал его мглою,
отмерил пределы ему
и врата с засовами поставил,
сказав: „Доселе дойдешь,
но не дальше,
здесь замрут твои гордые волны"?
Ты хоть раз повелевал Утру,
Заре назначал место,
чтобы взялась она за края Земли
и стряхнула с нее нечестивцев,
преобразила ее,
как печать — глину,
обагрила ее, как полотно,
чтоб отнять у нечестивцев свет
и сокрушить занесенную руку?
Добирался ли ты
до истоков моря,
проходил ли по дну пучины?
Ведомы ли тебе врата Смерти,
видел ты
врата кромешного мрака?
Исследовал ли ты земную ширь?
(Иов, глава 38, *современный русский перевод*).

Я процитировал лишь некоторые из длинного списка вопросов, которые Бог задал Иову. Иов отлично понял суть вести к нему. Он прекратил жаловаться. Он наконец-то получил способность увидеть все в правильной перспективе.

Так ответил Господу Иов:
«Я знаю: все в Твоей власти,
нет для Тебя невозможного,
что бы Ты ни замыслил...
Говорил я о том, чего не понимаю,
о чудесах,
непостижимых для меня:
«Так выслушай, что я скажу;
я спрошу, а Ты мне ответь».
О Тебе я прежде лишь слышал,
а теперь своими глазами увидел,
потому я от всего отрекаюсь,
раскаиваюсь средь праха и пепла».
(Иов 42:1-6, *современный русский перевод*, мой курсив).

Я не хочу погружаться в спор о том, является ли история Иова исторически точной во всех своих деталях. Для меня не имеет большого значения то, существовал ли во времена патриархов реальный человек по имени Иов, который владел семью тысячами овец и коз и тремя тысячами верблюдов, у которого была жена, семь сыновей и три дочери. Я не так уж сильно переживаю, были ли исторически точны все события, которые с ним произошли. В любом случае, достаточно трудно представить, что «друзья» Иова говорили с ним именно так, как их речи представлены в книге Иова. Дискуссия об историчности может быть интересной, но она промахнется мимо сути того, почему эта книга была включена в библейский канон. Книга стала частью Библии из-за своего взгляда на человеческие страдания. Она говорит нам, что страдания реальны и они могут привести нас в состояние надломленности и отчаяния. Книга подчеркивает тот факт, что все человеческие теории оказываются пустыми и неудовлетворительными – к этому выводу мы должны прийти, слыша высокопарные слова друзей Иова. И еще эта книга ставит целью убедить нас в том, что за Богом остается последнее слово. Бог представлен нам как Тот, кому можно доверять потому, что Он – Тот, кто Он есть.

Я повторюсь: прежде всего, христианская вера – это доверие «личности». Нам нужно признать, что мы не можем – и никогда в нашей жизни не сможем – понять, почему Бог не вмешивается, когда «плохие вещи случаются с хорошими людьми». В то же самое время, мы должны признать, что Он, на самом деле, вмешивается в происходящее гораздо больше, чем мы осознаем. Если зло так чрезвычайно разрушительно, тогда мы обязаны постоянному вмешательству любящего Бога за то, что мы все еще живы и, несмотря на все несчастья, можем чувствовать столько радости и видеть столько красоты. *Тайна того, почему в мире существует так много добра, возможно, так же велика, как тайна того, почему в мире так много зла.* Когда мы думаем об этих вещах, давайте будем всегда помнить о том, что Бог должен быть Богом и всегда должен оставаться Им. Если бы мы могли в полной мере понять Его, Он не был бы уже Богом, но был бы низведен до нашего уровня. И кому был бы нужен такой Бог?

На этом этапе нам нужно сделать еще один прыжок веры! Если Бог – такой, как в Него верят христиане и как Его описывает Библия – существует, и если слова из Иоанна 3:16 что «Бог отдал Сына Своего единородного» истинны, то мы сталкиваемся со столь невероятной жертвой, которая превыше любого человеческого понимания. Тогда нам нужно спросить себя самих: оправданы ли наши сомнения в Боге из-за тех плохих вещей, которые происходят с нами лично и которые случаются в мире вокруг нас. Если то, что Бог отказался от самого дорогого для Него ради нас, действительно правда, то нам нужно остановиться и несколько раз подумать перед тем, как мы обвиним Его в том, что Он недостаточно нас любит. Если мы можем поверить в столь дорогую для Него жертву ради нас, то у нас появится серьезное основание для доверия Ему.

КАК ОБРЕСТИ ВЕРУ, ЕСЛИ Я ЭТОГО ХОЧУ?

Нам на мгновение нужно вернуться к вопросу о том, откуда появляется вера и что ее вызывает. Можно ли просто решить верить? Или решить не верить? Может быть, некоторые люди рождаются с особенной способностью верить? Или это в основном вопрос окружающей нас среды и воспитания? Почему некоторые люди хотели бы бросить свою веру, и им не удается ее оставить; в то время как другие люди говорят, что завидуют людям, имеющим веру, но сами они, по их свидетельству, не знают, как ее получить? Это далеко не простые вопросы.

Но будет ли неразумным предполагать, что, если Бог на самом деле существует и Он каким-то образом ответственен за наше происхождение, то Он создал нас со способностью верить? Другими словами, нет ли в нас чего-то, что признает факты существования Бога и Его стремления к нам, когда Он хочет вступить с нами в отношения. Назовите это шестым или седьмым чувством, или дайте этому латинское название, как это сделал реформатор шестнадцатого столетия Жан Кальвин[38], или же опишите это как внутреннюю уверенность в существовании Бога, который не просто живет, но и заботится о нас, - как бы вы это не назвали, оно существует. Можем ли мы сказать, что, возможно, если люди не настраиваются на это чувство божественного присутствия, их антенны настолько ржавеют, что сигнал больше через них не проходит?

Способность получать и отдавать любовь, кажется, довольно похожа на религиозную веру. Для большинства людей любовь – это нечто естественное. С первого момента их жизни, даже до того, как они научились ходить и разговаривать, дети способны отвечать на любовные сигналы своей матери. Мы не способны толком объяснить этот поразительный механизм любви. Но он существует. Если у человека не было какого-нибудь расстройства личности и если с ним не случилось ничего ужасного в детстве, то он растет с этой таинственной способностью распознавать любовь, получать и отдавать ее. Мы можем сказать, что любовь – это *подарок*, данный нам. Он не зависит от аргументов разума, хотя мы знаем, что не можем любить без использования нашего разума. Тем не менее у людей существуют различные степени способности давать и принимать любовь. У некоторых людей, похоже, больше нет антенны, чтобы принимать сигналы любви от других, и они не в состоянии как-то реагировать на эти сигналы. Но это не заставит нас усомниться в реальности любви и ее нормальности.

Вера – это способность доверять и полностью полагаться на Бога, сильное желание знать о Нем больше и понимать, чего Он хотел бы от нас и для нас. И это тоже *дар*. Каждый получил этот дар в большей или меньшей степени. Павел, библейский автор, который в середине первого века написал целую серию писем христианским церквям, говорит, что Бог с самого начала вживил в ум всех людей некоторые основные знания о Себе. Он указывает на природу, как на источник познания Бога, когда говорит: «Потому что Его невидимые свойства — вечная сила и Божественная природа — со времени сотворения мира постигаются разумом через созерцание сотворенного. Так что нет им извинения!» (Римлянам 1:20 – новый перевод РБО).

Эта осведомленность о божественном не приходит к человеку в результате глубокого осмысления или от чтения утонченных философских книг, или же от прилежного изучения Библии, хотя все эти вещи занимают свое место. Она приходит к нам как *дар*. И если мы ее потеряли, она может быть восстановлена. Апостол Павел, которого мы только что цитировали, написал другой поместной церкви, что такие понятия, как благодать и вера, являются Божьими дарами (Ефесянам 2:8). Этот дар может каким-то образом просто свалиться к нам с небес, но, как правило, будет гораздо лучше, если мы сами пойдем в те места, где это дар чаще всего «раздают».

Люди, которые начали верить, расскажут вам разнообразные истории о том, как они стали верующими. Некоторые из них скажут вам, что в глубине души они всегда были верующими, но некоторое время они этого не осознавали. Другие люди определят точный момент, когда они впервые ощутили веру. В то же время некоторые люди не смогут сказать вам, когда точно они пришли к вере. Но те из них, кто рассказывают вам историю своей веры, обычно не ссылаются на интеллектуальные аргументы, хотя зачастую позже они принесли их вере большую глубину. Вспоминая о том, когда и где началась их вера, они почти всегда говорят на языке чувственного восприятия. Они говорят, что *чувствовали* божественное присутствие, или что они были поражены, *глядя* на звездное небо ясной ночью. Они говорят, используя *благоговейный язык*, что было *затронуто* их самое сокровенное. Внезапно они почувствовали, что им нужно помолиться и что их молитву *слушают*. И так далее. Нет сомнений в том, что у веры есть сильная составляющая личного опыта. Она достигает нашего разума, но, несомненно, еще и наших чувств.

Можем ли мы *решить*, что будем верить, или же решить вернуться к той вере, которая у нас однажды была? И можем ли мы *отказаться* верить в Бога? Позвольте мне снова процитировать Рюмке:

«Мне никогда не доводилось наблюдать случай, когда кто-нибудь обрел веру с помощью обдумывания или волевого усилия. Когда мы наблюдаем за теми, кто говорят, что были привлечены к вере рациональными аргументами, мы всегда обнаруживаем, что термин «рациональный» нужно применить в очень широком смысле. При последующих обсуждениях вопроса эти люди часто соглашаются, что процесс размышлений содержал некоторые особенности, которые можно определить, как доверие.

Исследуя опыт тех, кто говорит, что они приобрели веру с помощью свой воли, я часто обнаруживаю, что их вера не являлась настоящей, или же что это желание верить было, на самом деле, уже разновидностью веры, которая к этому времени каким-то образом уже развилась.

Я не могу сказать, что случаи, когда размышление или воля привели к вере, абсолютно невозможны. Я лишь могу сказать, что я никогда не сталкивался с подобными случаями. Но я думаю, что «мышление» и «воля» могут сыграть важную роль в осмыслении нашего внутреннего опыта и в том, что относится к религии» [39].

Метафора «*прыжок веры*» является очень уместной. Вера часто описывается как приключение или как отправление в путь без знания о том, куда он тебя приведет. Это тот тип веры, который, согласно библейским историям, был у Авраама после того, как он был «призван» Богом оставить город, где он обосновался, и отправиться в неизвестном направлении. У него не было точных координат, чтобы ввести их в GPS навигатор, который был бы запрограммирован указывать ему женским или мужским еврейским языком, куда сворачивать на каждом перекрестке или повороте. Он получал свою дорожную карту маленькими частичками. История Авраама показывает, что вера содержит элемент приключения. Тем не менее приключение верующего – это не слепой прыжок в темноту через бездну, ширину которой ты не знаешь. Те вещи, в которые нас зовут верить, совсем не похожи на странные явления из миров Харуки Мураками или Гарри Поттера. Они могут быть спрятаны от проверок или лабораторных исследований, но это часть сети «подтвержденных убеждений», и они складываются в последовательную историю.

Как нам *сделать этот прыжок*? Или же, используя другую метафору, куда нам нужно пойти, чтобы получить «дар» веры? Я не могу предложить вам двенадцатишаговую программу, которая поможет вам перейти от неверия к вере. Такой подход не сработает. Но я убежден, что существует «гарантированное» предположение, что Бог создал нас со способностью к вере и что Он с огромным желанием стремится подарить дар веры тем людям, которые каким-то образом его потеряли. Но может ли Он иногда ждать того момента, когда почувствует, что для этого настало лучшее время? Возможно ли, что Бог ждет, пока у получателя подарка будет соответствующее отношение, открытость и благодарность за полученный дар? Кроме всего прочего, мы должны помнить о том, что вера требует от нас ожидания и открытости. Мы должны протянуть нашу руку, если хотим получить наш подарок. Мы должны быть готовы шагнуть вперед, доверившись Богу.

И нам нужно молиться. Если мы перестали молиться, нам нужно вернуть эту привычку. Конечно, я услышу немедленные возражения: «Молитва не предшествует вере, а следует за ней. Верующие молятся. Неверующие не молятся». В некотором смысле все это правильно. Те, кто верят в Бога, хотят разговаривать с Тем, Кому они верят. Но в то же самое время также верно и то, что молитва может привести к вере. Если существует Бог, который желает, чтобы мы в Него верили, то не откроет ли Он свой слух для самых примитивных молитв, которые говорят: «Дорогой Бог, пожалуйста, дай мне этот дар»? И если мы чувствуем, что наша вера слаба и (уже) не знаем, как надо молиться, не стоит ли нам повторить короткую молитву отчаявшегося человека, который пришел к Иисусу, когда его сын был при смерти: «Верю! Помоги, если веры мало!» (Марк 9:24, новый перевод РБО).

БОГА МОЖНО НАЙТИ

Благая весть для верующих «на грани», которые испытывают проблемы с верой в Бога и с доверием Ему из-за того, что они видят столь много безумия и страданий в мире, заключается в том, что их сомнения могут быть преодолены. На самом деле сомнения могут помочь нам вырасти в зрелых, здоровых и сбалансированных верующих. Если вы хотите найти примеры тех людей, которые боролись со своими сомнениями о Боге и которые нашли Бога (либо в первый раз, либо после того как они прошли через период безбожия), я рекомендую вам почитать книги о людях, пришедших к Богу. Таких книг очень много. Я сам считаю очень вдохновляющей книгу Джона Малдера *Поиски Бога*[40]. И размышляя над тем, как страдания в нашем мире приносят столько сомнений, я нашел очень вдохновляющей книгу Клайва Льюиса *Боль*. Льюис, который не был избавлен от пришедшего к нему страдания, делает поразительное замечание, которое дает обильную пищу для размышлений: «Я видел в иных великих страдальцах великую красоту духа. Я наблюдал, как люди с прошествием лет становятся большей частью лучше, а не хуже, и я видел, как предсмертный недуг обнажал в самых малообещающих кандидатах истинные сокровища стойкости и кротости»[41].

К сожалению, многие люди теряют свою веру, и это происходит по разным причинам. Но верно и обратное. Многие мужчины и женщины (вновь) открывают для себя веру, и она становится центром их жизни. Если вы «верующие на грани», я призываю вас: не отказывайтесь от своей веры. Бог существует, и у вас могут быть личные отношения с Ним. Они придадут новый смысл вашей жизни. Если ваша вера постепенно размылась и даже исчезла, начните снова искать «дар» веры. Несмотря на свои собственные сомнения и неуверенность, я все еще думаю, что это самое лучшее, что только может сделать человек.

1. Os Guinness, *Doubt: Faith in Two Minds* (Tring, UK: Lyon Publishing, 1976), p. 15.
2. Там же, с. 31.
3. Bobby Conyway, op. cit., p. 46.
4. Чешский писатель и священник Томас Халик ссылается на жизнь Терезы из Лизьё (Thérèse de Lisieux) в своей прекрасной книге Patience with God: The Story of Zacchaeus Continuing in Us (New York–London–Toronto–Sydney–Auckland: Doubleday, 2009). Например, посмотрите 3 главу..
5. See: Brian Kolodiechuk, ed., *Mother Teresa: Come Be My Light: The Private Writings of the Saint of Calcutta* (New York: Doubleday, 2007).
6. http://time.com/4126238/mother-teresas-crisis-of-faith/.
7. Paul Tillich, *Systematic Theology*, 1975, vol. 2, p. 116.
8. *New York Times*, 3 December, 1978.
9. Полный текст этой поэмы можно найти онлайн во многих местах. Например, смотрите: http://www.online-literature.com/tennyson/718/
10. Gary Parker, *The Gift of Doubt: From Crisis to Authentic Faith* (New York: HarperCollins, 1990), p. 69.
11. Guinness, op. cit., pp. 61ff.
12. Елена Уайт, Путь ко Христу, с. 105.
13. Елена Уайт, Избранные вести,с. 48.
14. Текст апокрифических «Деяний Фомы» можно найти здесь: http://www.earlychristianwritings.com/text/actsthomas.html.
15. Многое из написанного в этой главе можно найти в двух моих более ранних публикациях: Faith: Step by Step (especially chapter 3, pp. 51-66), напечатанной в 2006 by Stanborough Press, Grantham, UK) и Keywords of the

Christian Faith (Hagerstown, MD: Review and Herald, 2008), особенно глава 2, стр. 22-31.

Robert C. Greer, Mapping Postmodernism: A Survey of Christian Options (Downers Grove, IL: InterVarsity Press, 2003), pp. 183, 184.

16 Robert C. Greer, *Mapping Postmodernism: A Survey of Christian Options* (Downers Grove, IL: InterVarsity Press, 2003), pp. 183, 184
17 Published by Trinity Press in Harrisburg, PA in 1996.
18 Published by Oxford University Press, Oxford/New York, in 2000.
19 *Путь ко Христу, с.102.*
20 W. Jay Wood, *Epistemology: Becoming Intellectually Virtuous* (Downers Grove, IL: IVP Academic, 1998), p. 83.
21 Там же, с. 99.
22 Jonathan Dancy, *Introduction to Contemporary Epistemology* (Oxford, UK: Blackwell, 1985), pp. 31-32.
23 Nancey Murphy, *Beyond Liberalism and Fundamentalism: How Modern and Postmodern Philosophy Set the Theological Agenda* (Harrisburg, PA: Trinity Press International, 1996), p. 94.
24 W.V. Quine and J.S. Ulian, *The Web of Belief* (New York: McGraw-Hill Inc., 1976 ed.).
25 *Warranted Christian Belief* (New York/Oxford: Oxford University Press, 2000).
26 See Alvin Plantinga, op. cit., pp. 192-198; W. Jay Wood, ibid., p. 162.
27 Augustine, *Confessions* (London, UK: Penguin Classics, 1961 ed.), p. 21.
28 Hans Küng, *Credo* (London: SMC Press, transl. R.S. Pine-Coffin, 1993 ed.), p. 14.
29 Anny Matti, *Moeite met God* (Kampen, the Netherlands: J.H. Kok Uitgevers-maatschappij,1991), p. 48.
30 H. C. Rümke, *Karakter en Aanleg in Verband met het Ongeloof* (Kampen: Kok Agora, 2003 ed.).
31 Там же, с 29-34.
32 Eugene H. Peterson. *The Message: The New Testament in Contemporary Language* (Colorado Springs, CO: Navpress, 1993), p. 471.
33 Plantinga, op. cit., 217-222.
34 Küng, op. cit., pp. 7-11.
35 Смотрите название книги Натана Брауна. на с. 18.
36 Nathan Brown, op. cit., p. 13.
37 Küng, op. cit., p. 11.
38 Жан Кальвин, один из главных лидеров протестантизма шестнадцатого столетия, использовал термин «sensus divinatis», то есть, внутренняя осведомленность о божественном присутствии.
39 Rümke, op. cit., pp. 37f.
40 Published by William B. Eerdmans in Grand Rapids, MI, 2012.
41 Клайв Льюис , Боль (Glasgow, UK: Collins, 1989 ed.), с. 86.

ГЛАВА 7

Почему нам стоит остаться в церкви

Это случилось в 1985 году, через несколько месяцев после того как я в качестве «миссионера» Церкви адвентистов седьмого дня прибыл в Яунде - столицу западноафриканской страны Камерун. Я догадывался о том, что я не застрахован от культурного шока: жить и работать в совершенно другой культуре с отличающимися от моих привычками и правилами, терпя жаркий и влажный климат и необходимость общаться на французском языке, было для меня сложной задачей. Но, возможно, самой большой моей проблемой было то, что я прибыл с очень наивным и романтическим взглядом на жизнь церкви в этой части мира. Я привык к материализму западной Европы. Я думал, что оставил его в прошлом, когда наш самолет поднялся со взлетно-посадочной полосы в Амстердаме, но не могло оказаться ничего настолько далекого от истины. В Африке ничего, абсолютно ничего – и это, в том числе, касается и церкви – не происходило, пока не зашуршат деньги.

У меня не заняло много времени обнаружить, что в большинстве случаев, если я не заплачу взятку (не дам *petit cadeau* – маленький «подарок»), то вряд ли у меня будут шансы на то, что дело будет сделано. Гораздо дольше времени у меня ушло на то, чтобы обнаружить, что такая коррупция сильно распространена и в адвентистской церкви. Один из служителей в национальной штаб-квартире церкви был вовлечен в большой (бывший, скорее, теневым) бизнес по импорту подержанных автомобилей. Другой лидер конфессии обманул церковь на значительную (даже по западным стандартам) сумму денег. Его не уволили, но отправили в церковное учебное заведение, где он стал преподавателем этики. (Нет, я это не выдумал!)

Таким образом, пожалуй, не было странным, что в тот конкретный момент я чувствовал себя несколько подавленным. Однажды после обеда у меня было какое-то дело в городе, и я решил остановиться и выпить чашку кофе в одном из кафе на бульваре Кеннеди – главной торговой улице Яунде. Вскоре после того, как я уселся там с моим *гранд кафе нуар*, меня поприветствовал миссионер из другой конфессии, которого я к тому времени уже несколько раз встречал. Я пригласил его присоединиться к моему столику для общения. Когда он спросил, как идут мои дела, я воспользовался этой возможностью для того, чтобы поделиться с ним некоторыми из моих проблем, и я рассказал, как разочарован многими печальными вещами, которые я начал замечать в моей церкви. Его ответ был для меня довольно неожиданным. «О, - сказал он, - к этому моменту я пробыл в этой стране уже несколько лет, и на самом деле я не так много знаю о том, что происходит в вашей церкви. Но если вы думаете, что ситуация в адвентистской церкви плохая, позвольте мне сказать вам, что в моей церкви она гораздо хуже. Президент моей церкви является владельцем борделя!» Этот откровенный комментарий очень вдохновил меня! В конце концов, в моей церкви есть недостатки, но она не самая худшая!

Конечно же, я мог бы рассказать вам много других ужасных историй. Вы не можете работать в церкви больше сорока лет и просиживать бесчисленные часы на административных советах без того, чтобы постоянно не слышать о разных ситуациях, которые могут подтолкнуть вас к тому, чтобы все бросить. И я не могу назвать и себя самого совершенным. Я всегда пытался быть честным и порядочным, но я должен признать, что я сожалею о некоторых немудрых решениях, которые я принимал в учреждениях, за которые нес ответственность. Это были решения, которые иногда травмировали людей и вредили репутации церкви. Я мог бы добавить, что временами я и сам страдал от того, как члены церкви относились ко мне и из-за выдвигаемых против меня болезненных обвинений. Меня называли разными именами, и некоторые даже предполагали, что я - иезуит, вторгшийся в адвентистскую церковь. (Если вы сомневаетесь в этом, то посмотрите в интернете. Но, если бы я и захотел стать иезуитом, я даже не знаю, как туда завербоваться!)

Я понимаю, что многие «верующие на грани» могут поведать гораздо худшие истории о том, как к ним относилась церковная организация или члены церкви – эти рассказы часто заставляют меня съеживаться. Многие из них страдали от серьезной несправедливости, становились жертвами злобных сплетен, позорной дискриминации или нетерпимости, или же они переживали неуважение и безразличное отношение. Во второй главе мы видели, как часто христианская церковь не соответствовала ожиданиям людей, и мы обсудили некоторые основные причины того, почему люди *массами* оставляют организованную религию. В третьей главе мы пришли к заключению, что адвентистская церковь переживает кризис во многом по тем же самым причинам, что и христианство в целом. Тем не менее, несмотря на все это и несмотря на некоторые достаточно печальные опыты, *я хочу остаться с моей церковью*. И в этой главе я хочу бросить вызов всем «верующим на грани», чтобы они остались вместе со мной в адвентистской церкви или же вернулись в нее. Я убежден в том, что поступить так будет вполне правильно, хотя сделать это не всегда будет так просто.

НУЖНА ЛИ НАМ ЦЕРКОВЬ?

Часто мы слышим, как люди говорят: «Я верю в Бога, но мне для этого не нужна церковь. Вера – это личные отношения между Богом и мной, и мне не нужна церковь для того, чтобы сохранять связь с Богом». Это может быть истиной – по крайней мере, до некоторой степени. Я знаю людей, которые были непоколебимы в вере, даже когда они были полностью изолированы от других. Я вспоминаю Меропи Жижку. Она умерла в 2001 году в возрасте 97 лет. Я имел честь встретиться с ней во время одного из моих многочисленных визитов в Албанию в тот период, когда я работал в региональном офисе Церкви адвентистов седьмого дня, служившем в то время тридцати восьми странам.

Албания была одной из этих стран. Я постарался организовать визит Меропи на сессию Генеральной Конференции в Ультрехте в 1995 году.

Меропи узнала об адвентизме от американского миссионера, который короткое время работал в Албании (и которого посадили в тюрьму, где он умер за свою веру). Это случилось вскоре после того, как Албания была отделена от всего мира Энвером Ходжой, жестоким диктатором – коммунистом, который запретил все формы религии в своей стране. Даже держать Библию дома было для человека смертельной опасностью. Почти пятьдесят лет Меропи оставалась верной христианкой, тайно читая свою Библию, которую она тщательно прятала. У нее была одна большая мечта: чтобы пришло время, когда она смогла бы быть крещена, и когда в Албании появится церковь, в которой она могла бы поклоняться с другими верующими – адвентистами. Все время, когда она ждала этого момента, она верно собирала свои десятины в жестяную коробку, которую прятала под своей кроватью и которую она принесла представителям адвентистской церкви, посетившим страну после падения Энвера Ходжи. Для меня Меропи стала неоспоримым доказательством того факта, что человеку не нужна церковь, чтобы быть верующим. Однако у меня сохраняется твердое мнение, что при нормальных обстоятельствах вера в Бога и принадлежность к сообществу верующих идут рука об руку. Существует достаточно доказательств, что, когда человек не принадлежит к сообществу верующих, это часто ведет к постепенному ослаблению и даже исчезновению его веры.

Если вы верите в Бога и хотите иметь с Ним теплые отношения, тогда, на мой взгляд, существуют по крайней мере семь причин, по которым вам стоило бы рассмотреть важное преимущество быть членом сообщества верующих.

1. *Мы были сотворены социальными существами, «созданы», чтобы быть вместе и заниматься делами вместе.*
В современном мире есть сильная тенденция к тому, чтобы делать дела в одиночку. Замечали ли вы, как много молодых людей в наше время предпочитают оставаться одинокими и жить поодиночке? Из семнадцати миллионов населения Голландии 2,7 миллиона живут

сами по себе. Но даже если мы делимся нашим жилищем с другими людьми, мы делаем много вещей одни. Просто подумайте о количестве времени, которое молодые (и не очень молодые) люди проводят у экранов своих компьютеров или возясь со своими смартфонами. Да, мы живем в эпоху индивидуализма.

С другой стороны, большинство людей были бы не против проводить время с другими людьми. Они ходят на большие праздники; они наслаждаются музыкальными фестивалями и футбольными матчами, где они находятся вместе с тысячами других людей. И они хотят быть в контакте с другими через социальные сети. Достаточно распространено иметь несколько сотен «друзей» на Фейсбуке, да и тысяча друзей в соцсети не является чем-то исключительным.

Христианам нужно стремиться к равновесию. Время, проведенное в одиночестве, нужно им для подпитки их веры. Но так же естественно искать других людей, которые тоже считают, что вера – это важная часть их жизни. Церковь становится соединяющим звеном между верующим и другими христианами.

2. *Нам нужна поддержка других людей.*
Это простая действительность жизни. Мы нуждаемся в поддержке других, особенно когда мы встречаемся с серьезными проблемами и сложными задачами. Пробовали ли вы когда-нибудь сбросить вес совершенно самостоятельно? Почему миллионы людей по всему миру присоединяются к *Вэйт Вотчерс* (компания, которая предлагает продукты и услуги, помогающие похудеть) или к подобным им группам и организациям? Почему существует так много поддерживающих групп для людей, у которых есть физические недостатки? И почему в мире так много обществ пациентов – для страдающих диабетом, раком, хроническими легочными заболеваниями, и прочих? Люди находят поддержку, когда присоединяются к другим, кто живет в таких же обстоятельствах, особенно это помогает во время кризиса. Все это потому, что нам нужно ободрение и поддержка, и потому,

что вместе у нас больше шансов на успех при прохождении сложной ситуации в жизни.

В прошлом адвентистская церковь организовывала «пятидневные планы», на которых людям помогали порвать с их зависимостью от курения. Церковь начала эту инновационную деятельность в то время, когда лишь горстка организаций беспокоилась о вреде табака. Почему же те мероприятия были столь успешными? Это произошло потому, что личные усилия участников поддерживались группой людей. Люди, которые отчаянно хотели бросить курить, собирались там все вместе.

Много лет назад я участвовал в одном пешеходном мероприятии в Голландии. Каждый год 40 000 людей принимают участие в том, чтобы за четыре дня пройти по 30, 40 или 50 километров ежедневно – в зависимости от их возраста. Я находился в 40-километровой подгруппе. К удивлению многих, за 4 дня я успешно прошел 160 километров, даже не заработав каких-либо мозолей. Однако я уверен, что я бы никогда не совершил такого, будь я предоставлен самому себе. Скорее всего, я бросил бы все на третий день, если не раньше. Но я продолжал идти потому, что я был вместе с тремя коллегами. Все вместе мы достигли финиша.

Я считаю, что нам, как правило, нужны другие люди, чтобы продолжать наш духовный путь. И другим людям стоит рассчитывать на нас в поисках духовной поддержки. Как сказал один автор: «Религия – это командный спорт»[1].

3. Мы дополняем друг друга.
Все части человеческого тела играют очень ограниченную роль. Когда мне было около сорока лет, меня обвиняли в том, что я был похож на трудоголика, и я не могу отрицать, что в этом была доля истины. Если я и был обеспокоен какой-то стороной моего здоровья, то главным образом это была работа моего сердца. Люди говорили мне: «Будь осторожен, сбавь обороты. Однажды у тебя случится приступ». На протяжении многих лет я обнаружил, что у меня есть и другие органы, такие, как желчный пузырь и предстательная железа, которые могут принести серьезные проблемы. Мы перестаем функционировать

должным образом, если какой-нибудь из наших жизненно важных органов не работает так, как он должен.

То же самое происходит в «Теле Христа». Библия использует целый ряд разных метафор, описывая природу и функционирование церкви. Та, что называет церковь «телом», затрагивает меня лучше всего. У каждого из нас, находимся ли мы внутри церкви, или «на ее границах», несомненно, есть дары и таланты. И точно так же верно, что всем нам не хватает других важных умений и способностей. Это значит, что я никогда не смогу сказать, что церковь без моего участия будет функционировать так же хорошо. Истина в том, что этого не произойдет! Все мы нужны, потому что мы дополняем друг друга. Само по себе это не является достаточной причиной того, чтобы удержать нас в церкви или заставить нас вернуться в нее, но это заслуживает серьезного осмысления.

4. *Когда мы занимаемся чем-то вместе, это приносит нам радость и удовлетворение.*
Большинство людей празднуют особенные события, радуясь вместе с другими – родственниками, друзьями и коллегами. Для них важны свадьбы, юбилеи на работе, вечеринки на днях рождения. Я всегда с удовольствием смотрю (по телевизору) «Променадные концерты Би Би Си» (лондонский международный ежегодный фестиваль музыки) в Лондонском королевском Альберт-холле. Во мне определенно что-то происходит, когда я вижу энтузиазм и энергию, что там высвобождаются, когда вся публика присоединяется к пению «*Земли надежды и славы*».

Вы можете петь и когда вы одни дома в своем душе, и можете молиться, когда едете за рулем на работу, и можете разговаривать с другом по телефону. Но когда вы поете вместе, молитесь вместе, обсуждаете вместе идеи, наслаждаетесь обществом друг друга и утешаете друг друга в часы печали – все это приносит в жизнь христиан дополнительное измерение. Церковь является местом, где все это становится реальностью.

5. *Некоторые благословения можно получить только в церкви.*
Некоторые христианские дела не требуют присутствия других людей. Вы можете читать свою Библию в любой день недели, когда у вас появляется для этого свободная минута. Если вы хотите поразмышлять, вам нужно найти время и место тихого уединения. Но другие дела могут быть успешными, только если вы вместе с другими людьми. Ярким примером этого может быть крещение. Это публичное признание нашего посвящения Иисусу Христу и нашей веры в Него. Крещение запечатлевает наше решение довериться Богу и попытаться жить в соответствии с христианскими ценностями. Достаточно верно и то, что в Новом Завете крещение было связано с присоединением к сообществу верующих. Апостол Павел сказал, что мы «крестились в одно тело» (1 Коринфянам 12:13). Это опыт, который имеет глубокий смысл для нашей личной жизни. Но в то же самое время он связан с нашими единоверцами из церкви.

Одно из центральных дел на богослужении в христианской церкви – это служение причастия, которое часто называют еще Вечерей Господней. Римские католики и некоторые другие конфессии называют это служение евхаристией или мессой. «Богословие причастия» сильно отличается в разных церквях. Некоторые видят в причастии своего рода повторение или повторное принятие жертвы Христа, в то время как другие считают его строго символическим действием. Однако большинство протестантов – включая адвентистов – не верят, что таинства, как, например, то же причастие, имеют какую-то магическую силу. Но большинство людей, которые принимают участие в служении причастия, скажут, что оно имеет очень большое значение. Они могут быть не способны точно описать, что именно делает таким особенным употребление в пищу маленького кусочка хлеба и выпивание маленькой чашечки вина, но они каким-то образом чувствуют, что причастие укрепляет и вдохновляет их и что оно необходимо для их духовного путешествия.

Конечно, размышлять о жертве Христа можно и когда вы в одиночку прогуливаетесь по пляжу. Вы можете остаться дома и почитать описание последней недели земной жизни Иисуса в Евангелии или послушать Страсти по св. Матфею Баха. Но приглашение за стол Господень – это одно из самых больших благословений, которые приходят, когда ты принадлежишь к церкви.

6. Церковь нужна нам, чтобы расти духовно.
Если мы хотим нормально расти и быть физически здоровыми, нам нужно есть здоровую пищу. Это верно и в духовной сфере. Чтобы отодвинуться от «границ» церкви, нам потребуется некоторая инициатива, и она получит силу от совместных встреч. Мы можем получить возрождение, расти духовно и разбираться с нашими сомнениями, когда слышим проповедуемое Слово Божье, вместе читаем Библию и участвуем в литургических событиях.

Часто говорят, что проповедь как средство общения полностью вышла из моды. Почему большое количество людей должно слушать то, что собирается сказать один мужчина (или женщина?) Даже если говорящий хорошо подготовился, и его красноречие выше среднего уровня проповедь не получит высокой оценки у многих прихожан. Тем не менее я считаю, что каким-то образом проповедь – нечто большее, чем тридцатиминутный монолог или лекция на религиозную тему. Когда Божье Слово проповедуется в контексте богослужения, сказанное получает дополнительную ценность. В течение столетий посетители церкви чувствовали, что через слова проповедника к ним приходит Слово Бога. Выслушивание проповеди погружает нас в атмосферу языка веры (который мы обсуждали в предыдущей главе), и это может стать очень значимым событием, если мы подходим к ней с открытыми сердцем и разумом.

7. *Наконец христианам были даны полномочия проповедовать Евангелие миру.*
Если то, что Бог существует, истинно, и если мы верим в то, что Он продемонстрировал нам Свою бесконечную заботу о нас, отдав нам Своего Сына, Иисуса Христа, то очень важно сообщить эту хорошую новость другим людям. В библейских терминах этот способ рассказа называется «свидетельством». Прежде всего, это что-то, происходящее на уровне «один другому». У верующих христиан должны быть убежденность и мужество, чтобы делиться своей верой с окружающими. Но «евангельское поручение» включает в себя нечто большее. Оно требует мероприятий, которые христиане будут проводить группой, организованно, со стратегией, материально-технической базой, и финансовыми и людскими ресурсами. Это одна из главных причин для существования церкви: делиться знаниями о Боге и рассказывать миру настолько эффективно, насколько это возможно, о том, что Бог делает для нас. Никто из тех, кто сам верит в Евангелие, не сможет игнорировать этот важный аспект жизни верующего!

ГДЕ ЦЕРКОВЬ, ЧАСТЬЮ КОТОРОЙ Я ХОТЕЛ БЫ СТАТЬ?

Когда вы читаете эти слова, вы можете сказать, что для вас все эти аргументы перечисляются чересчур уж быстро. То, о чем было сказано выше, может поднять другой вопрос: если бы можно было найти такую церковь, в которой бы можно было встретить все те замечательные вещи, которые мы упомянули. Реальность же заключается в том, что многие «верующие на грани», даже если они сохранят свою веру в Бога или же вновь обретут ее, встречают в организованной религии серьезные проблемы и (больше) не ценят свои церкви. Это привело людей к исходу из их церквей и создало кризисы в большинстве христианских конфессий, не исключая и адвентистскую церковь. Среди верующих «на грани» могут быть многие, кто были бы готовы стать частью сообщества, в котором они действительно бы ощущали чувство принадлежности и внутреннюю уверенность в том, что они у себя дома. Если бы только они могли найти место, которое они могли бы считать своим духовным домом.

Многие из этих людей были глубоко разочарованы тем, что они испытали в своей поместной общине и тем, что они видели и слышали в своей конфессии. При этом они столкнулись с достаточным количеством узколобости. Они так и не почувствовали, что церковная жизнь и служение в их общинах были хоть как – то полезны для их духовного роста. Большая часть происходящего в церкви кажется им слишком поверхностным и не имеющим к ним никакого отношения. Они не испытывали радости и удовлетворения от того, что являлись членами церкви и они не чувствовали той духовной поддержки, которая в восторженных выражениях упоминается в предыдущем разделе главы. В свете вышесказанного, действительно ли стоит тратить свои время и энергию на то, чтобы (вос-) соединиться с церковью – в частности, с адвентистской церковью? Стоит ли овчинка выделки?

Часть ответов на эти вопросы основана на правильной идее о том, что церковь представляет из себя на самом деле. Мы используем слово «церковь» в нескольких смыслах. Оно может означать религию в целом, например, когда мы говорим о взаимоотношениях «церкви» и «государства». Часто это слово означает здание: величественный собор или небольшую деревенскую церковь, ну и все, что находится между ними. Слово церковь еще используют, имея в виду «конфессию». Все: католики, лютеране, баптисты и адвентисты - говорят о «моей церкви». Под этим может подразумеваться церковная организация. Именно в этом смысле я использую это слово, говоря, что я надеюсь, что «церковь» продолжит посылать мне каждый месяц пенсионный чек. Термин «невидимая церковь» может относиться ко всем христианам всех времен. В библейских Писаниях, однако, слово «церковь» прежде всего относится к «видимой» группе верующих в конкретном городе или регионе. В Новом Завете церковь – это, прежде всего, церковь в Риме, Коринфе, Ефесе или области Галатия.

Это имеет решающее значение. Новый Завет признает существование некоторых связей между церквями, расположенными в разных местах. Он говорит о том, что должно существовать ощущение единства и сплоченности между отдельными церквями. Мы читаем о совещаниях, происходивших между церквями, и о людях (в частности, апостолах), которые путешествовали, посещая отдельные общины, поддерживая и напутствуя их. *Но в первую очередь церковь всегда означала поместную общину!* Я верю в то, что этот принцип действует и сегодня. Я осознаю, что объединяющие религиозные организации нужны, и что структуры, и даже правила и политика организаций неизбежны. Но это не должно привести нас к мысли о том, что «вышестоящие» организации представляют собой суть церкви. Нам должно быть ясно, что церковь адвентистов – это не то же самое, что структура Генеральной Конференции или организации уровня дивизионов, унионов или конференций, и что самым важным собранием членов церкви не является всемирный конгресс, который проводится раз в пять лет. Самым важным строительным блоком церкви является поместная община верующих, а самая важная встреча церкви – это утреннее субботнее богослужение, когда группа верующих как община встречается с Богом.

Это означает, что происходящее в церкви как конфессии может быть важными вопросами и может принести многим из нас большие переживания, но не это должно стать нашей окончательной заботой. Я должен постоянно напоминать себе, что моя церковь расположена не в городе Силвер Спринг, рядом с Вашингтоном в Соединенных Штатах Америки, и что моя церковь в первую очередь не замечательная (или не всегда такая уж замечательная) всемирная организация. *Моя церковь – это прежде всего моя поместная община.*

Международные или национальные конфессиональные организации церкви не имеют божественного происхождения. Нигде в Библии вы не прочитаете о Генеральной Конференции или об унионах и конференциях. Мы не слышим в Писании об избирательных комитетах, церковном руководстве или рабочем курсе. Мы читаем об апостолах, пасторах и учителях, но никогда – о президентах и директорах отделов. Все эти вещи, которые сегодня есть в нашей церковной структуре, второстепенны. Это человеческие изобретения. Форма управления церковью, которая есть у адвентистов – это сочетание элементов, позаимствованных ранними адвентистскими лидерами в конфессиях, из которых они вышли. Постепенно эти элементы получили дальнейшее развитие на основании того, что считалось полезным для поддержки поместных церквей и для оказания помощи в их миссионерской деятельности. Опять же это не значит, что я обесцениваю все формы организации и что я хотел бы избавиться ото всех «вышестоящих» церковных уровней. Но это не значит, что я могу расслабиться, когда я вижу и слышу на различных уровнях конфессии вещи, с которыми я не согласен.

Я член моей поместной общины. Моя верность, прежде всего, принадлежит общине, частью которой я являюсь. Поэтому мой приоритетный вопрос заключается в том, могу ли я с пользой для себя принадлежать поместной общине? Является ли моя поместная церковь местом, где я могу поклоняться с другими людьми и духовно ощущать себя как дома? Наполнена ли община атмосферой, где я буду развиваться духовно, эмоционально, социально и интеллектуально? Та ли это церковь, где я могу самостоятельно думать, и позволено ли мне там сомневаться и не соглашаться с другими? Действительно ли это та церковь, в которую я могу внести свой вклад и свои таланты?

ЧТО, ЕСЛИ МОЯ ЦЕРКОВЬ ДАЛЕКА ОТ ИДЕАЛА?

Некоторым людям повезло. Они нашли церковь, которая соответствует их потребностям. Но так посчастливилось далеко не всем, и именно в этом заключается проблема множества «верующих на грани». Многие сыты по горло своей поместной церковью, потому что они испытали на себе ее нетерпимость. Они обнаружили, что им нельзя задавать лишние вопросы, и конечно же, они не могут выражать какие-нибудь идеи, которые кажутся противоречащими официальному учению адвентизма. Они нашли лишь немногих (если таковые вообще были) людей, с которыми они могли откровенно поговорить о своих переживаниях, и они чувствуют, что церковные служения в основном не имели отношения к их повседневной жизни. Они устали от пересказов идей девятнадцатого столетия и от споров вокруг доктринальных вопросов. И они больше не могут переваривать людей, которые знают абсолютно все, потому что «так говорит Библия» и потому что они точно знают, как нужно толковать то, что прочитано в Библии. Поэтому неудивительно, что эти люди спрашивают себя, как они смогут выжить в такой церкви. Как же можно ожидать, что они (вновь) присоединятся к такой общине, со всем её законничеством и фундаментализмом?

Мы должны признать, что нет совершенной церкви (в том числе нет такой поместной общины). Причина этого заключается в том, что церковь всегда состоит из несовершенных людей. (Как только люди заявляют, что они совершенны, у вас должны зазвенеть все тревожные колокола, потому что вы как никогда близки к проблеме нетерпимости). Недавно я в очередной раз перечитал первое письмо Павла в Коринф. В этот раз оно ошеломило меня как никогда прежде, и я понял, насколько правильно читать библейскую книгу целиком, и желательно за один присест (хотя это вряд ли будет возможно с такими книгами, как Псалмы или Иезекииль). Тем не менее чтение 1 Коринфянам займет у вас максимум два часа! Это стоит потраченных усилий!

Апостол должен был сказать членам коринфской церкви немало неприятных вещей. Там было много вопросов, которые нуждались в разрешении. Церковь страдала от серьезного разделения, в ней было несколько групп, провозгласивших собственного любимого лидера (1:11,12). Но в ней были и другие проблемы. Павел слышал о безнравственности такого рода, который сложно встретить даже «в миру», но тем не менее,это стало довольно распространенным делом среди членов церкви (5:1). Когда члены церкви вступали в конфликт между собой, они разбирались друг с другом в судах (6:1). В дополнение ко всему, во время богослужений происходили немалые беспорядки (11) и в церкви были серьезные отклонения от ключевых аспектов христианской веры. Некоторые коринфские христиане даже отрицали будущее воскресение мертвых (15:12). После того как я прочитал шестнадцать (в основном коротких) глав, я пришел к выводу: к счастью, в большинстве поместных церквей, которые я знаю, дела не настолько плохи, как это было в Коринфе! Но после прочтения всего письма очень хорошо вернуться к первой главе, где мы читаем: «Церкви Божией, находящейся в Коринфе, освященным во Христе Иисусе, призванным святым..., Непрестанно благодарю

Бога моего за вас, ради благодати Божией, дарованной вам во Христе Иисусе, потому что в Нем вы обогатились всем, всяким словом и всяким познанием» (1:2-7).

Несмотря на все вещи, которые они делали неправильно, люди из Коринфа были церковью Христовой, и Павел был очень благодарен Богу за них и за те дары, которыми Бог их наградил. Читая это, кажется, что у нас есть все основания оставаться позитивными и оптимистичными в отношении наших поместных церквей и не слишком быстро отчаиваться, даже если в них происходят вещи, которые нам бывает очень нелегко принять! Может быть, что те из нас, кто уже отказался от своей поместной общины или находится на грани такого шага, не обратили достаточно внимания на те хорошие вещи, которые можно найти в любой общине. Даже в церкви, где есть некоторые экстремистские, законнические или фундаменталистские подводные течения, большинство обычно составляют милые и сбалансированные в богословии христиане. Просто чаще их голос звучит тише, чем голос тех немногих людей, которые чувствуют, что у них «истина».

Однако мы должны признать и тот факт, что сами мы тоже совершенны не на сто процентов. Мы можем быть нетерпеливыми и нам может недоставать тактичности. Может быть, для нас уже вошло в привычку стоять на обочине – находиться «на границе» - и мы уже не предпринимаем серьезных попыток внести свой вклад, чтобы церковь стала здоровой и приятной. Вполне может оказаться, что временами мы просто ожидаем от нашей церкви слишком многого, и, возможно, настало время предпринять согласованные усилия для того, чтобы выйти из состояния разочарования – каким бы обоснованным оно нам ни казалось.

КУДА МНЕ ИДТИ?

Я понимаю, что для многих эти аргументы могут показаться пустыми и неубедительными. Они уже пытались быть позитивными в отношении к своей церкви; они терпели те негативные комментарии, что получали на свои вопросы; они просиживали все богослужения, совершенно не получая духовного насыщения. Они просто не могут продолжать то же самое.

Я посещаю церковь почти каждую неделю. Часто я проповедую сам; временами я слушаю. Когда, очень редко, я пропускаю служение, я, как правило, испытываю смешанные чувства. Бывает приятно, особенно после загруженной недели, просто расслабиться с хорошей книгой или выйдя на прогулку. Но вместе с этим я ощущаю, что, не приняв участия в богослужении с другими людьми, мой субботний опыт остается неполным. Однако я должен признать, что время от времени я посещаю поместные церкви, которые оставляют во мне ощущение беспокойства: если бы я жил в этом городе или в этом районе страны, хотел бы я приходить сюда, в эту церковь, каждую неделю? Если бы у меня не было другого выбора, кроме как пойти в эту церковь, смог бы я выдержать этот опыт неделю за неделей и месяц за месяцем? Я признаю, что иногда сочувствую людям, которые сказали: «я устал, достаточно».

В прошлом лишь у немногих людей – я имею в виду мою страну – были автомобили, а большинство добирались до церкви пешком, на велосипедах или на общественном транспорте. Самым удобным было доехать до самой ближайшей общины, каким бы ни был ее состав и количество людей в ней. Во многих странах люди привыкли к «приходской системе». Например, в государственных церквях вы автоматически становились членом церкви того города или деревни, где вы жили. Было очень сложно или даже невозможно перевести свое членство в другую общину. Во многих странах эта система так глубоко укоренилась в обществе, что иногда люди сохраняли ее после того, как они становились адвентистами седьмого дня. Сегодня эта система изменилась. Большинство людей уже не чувствуют, что должны обязательно посещать богослужения там, где живут. Люди, как правило, идут на «церковный шоппинг», чтобы выбрать себе церковь, в которой они будут чувствовать себя как дома. При этом они могут даже перешагнуть барьеры своей конфессии. Часто выбор общины, к которой они должны принадлежать, в первую очередь основывается не на учении церкви, а скорее на общей атмосфере в церкви, музыке, способности пастора хорошо проповедовать, на наличии детского служения и легкого доступа к парковке.

Я лично считаю, что, как правило, лучше быть частью общины, которая находится недалеко от вашего места жительства. Это поможет более активно участвовать в разных мероприятиях за границами субботнего богослужения. Но быть частью общины, в которой вы не можете вздохнуть и где вы почти всегда чувствуете себя инопланетянином, пришедшим с другой планеты, только из-за географической близости, может оказаться для вас слишком дорогим делом. Некоторые верующие – адвентисты «на грани» могут избрать вместо этого посещение церкви, поклоняющейся в воскресенье. (Или же ходить туда в дополнение к посещению церкви в субботу. Кто-то сказал мне однажды: «я хожу в свою церковь в субботу, потому что там я нашел «истину», но потом я хожу в другую церковь в воскресенье, чтобы поклоняться по-настоящему»). Я думаю, что я бы решил посещать церковь по воскресеньям, если бы в стране или в радиусе около ста километров вокруг не было бы церкви, хранящей субботу. Я думаю, что я сделал бы так потому что я чувствую глубокую потребность в том, чтобы поклоняться вместе с другими людьми. Но для меня это было бы тем не менее последним спасительным шагом, потому что я посвященный адвентист *седьмого дня*. И я хочу призвать всех адвентистов «на грани» присоединиться к *адвентистской* общине.

Если у вас есть возможность, сходите на «шоппинг церквей» и посмотрите, что подходит вам лучше всего и где ваши духовные потребности лучше всего будут удовлетворены. Если это будет значить, что вам придется проехать несколько общин, это будет намного лучше, чем не ходить в церковь вообще или быть частью того общества, которое для вас значит совсем мало или вообще ничего не значит. Учитывая тот факт, что в настоящее время у большинства людей есть машина и что часто в ближайшем районе есть несколько общин, как это обычно бывает в районах вокруг крупных адвентистских учреждений, в крупных городах или маленьких деревнях – выбор будет вполне достаточным.

ВЫ И ЕСТЬ ЦЕРКОВЬ!

В предыдущей главе я умолял всех тех читателей, которые являются верующими «на грани», не отказываться от Бога. Ваша вера нужна вам, чтобы быть полноценным человеческим существом. Вы можете страдать от сомнений и неуверенности, но, как минимум, вам стоит попробовать верить. Я сделал акцент на том, что вера - это подарок, и предположил, что для получения этого подарка будет хорошо проводить время в окружении, где говорят на языке веры и где, скорее всего, раздают этот дар веры. В этой главе я умоляю вас не рвать с церковью.

Я не хочу отказываться от конфессии адвентистов седьмого дня и я продолжаю умолять адвентистов – «верующих на грани» держаться за адвентизм, даже если временами вы искушаемы уйти из него. В этих абзацах я особенно подчеркиваю, что не стоит отказываться от вашего членства в поместной церкви. Нам всем нужно единение с другими, мы нуждаемся в священной практике субботнего богослужения. Нам необходим регулярный опыт нахождения за столом Господним. *Нам нужно принадлежать.*

В то же время мы не должны упускать из виду, что *другие нуждаются в нас.* Им нужен наш вклад. Люди, которые думают, что у них есть все ответы, должны услышать наши вопросы. Те, у кого есть такие же вопросы, как наши, должны видеть и слышать, что есть другие люди, которые тоже борются за свою веру и свою церковь. Иногда верующим «на грани» может быть сложно работать на пользу той или иной общины, но частью этой проблемы может быть то, что они не смогли оставить собственный отпечаток на церкви или же привнесли слишком мало вклада в ее благоденствие (или вовсе не внесли его).

Когда вы не вносите вклада в сообщество, то вы становитесь (или остаетесь) аутсайдером. С другой стороны, когда вы пытаетесь отдать часть себя – того, кто вы есть и чем вы обладаете, говоря на языке талантов и навыков – вы вовлечены. Сообщество выиграет от того, что вы в него привносите, но вы сами тоже извлечете их этого наибольшую пользу. У большинства «верующих на грани» есть таланты и дары, в которых нуждается их церковь. Конечно же, вы не сможете занимать определенные роли, потому что это может вызвать споры, пойти на компромисс или заставить вас подавить в себе часть личности, которой вы являетесь. Но всегда существуют области, в которых вы можете сыграть позитивную конструктивную роль без того, чтобы жертвовать своей целостностью.

Некоторые «верующие на грани» перестали вносить финансовый вклад в свои церкви и больше не входят в число «верных в десятине». Некоторые продолжают жертвовать деньги в свою церковь, но направляют их на особенные проекты или в организации типа АДРА – Адвентисткого агенства помощи и развития. Они готовы жертвовать средства, но больше не хотят направлять их в штаб квартиру церкви в той или иной стране или регионе мира. Они выбирают поддержку конкретных проектов или работу людей, которых они знают и ценят, и не хотят усиливать своими деньгами организационную систему. И, что несомненно, они не хотят, чтобы хотя бы часть их денег в конечном итоге пошла в казну Генеральной Конференции.

Я могу понять их рассуждения. Сам я по-прежнему жертвую «в систему», хотя я возражаю против довольно многих вещей, которые вижу в этой «системе». Однако это мое личное убеждение, что я не имею права критиковать «систему» и работать над изменением «системы», если я больше активно не поддерживаю ее, делая вклад в ее деятельность. И я считаю естественным то, что я помогаю содержать поместную церковь до тех пор, пока я связан с этой церковью.

Я хотел бы призвать всех «верующих на грани» продолжать поддерживать свою церковь в той или иной форме. Я не буду вдаваться в вопрос о том, требует ли Новый Завет от каждого верующего уделять ровно десять процентов своего дохода. Я не считаю, что существует какая-то определенная заповедь или предписание в пользу этого. В Новом Завете ясно предлагается, что хорошо давать регулярно и щедро, а метод десятины кажется полезной моделью для исполнения этой цели. Прекращение финансового вклада в церковь становится перерезанием пуповины, соединяющей вас с общиной. С другой стороны, если вы продолжаете жертвовать, несмотря на ваши проблемы с церковью – деноминацией или поместной общиной – то это помогает придать или же восстановить чувство принадлежности и является признаком того, что вы берете на себя степень ответственности за происходящее в вашей церкви.

После всего сказанного в этой главе я хотел бы обозначить несколько пунктов. Ваша критика своей (поместной) церкви может быть очень законной, и ваше чувство принадлежности к аутсайдерам и не насыщающимся духовно может быть очень реальным. Но не бросайте церковь. Она нужна вам, и вы нужны ей. Вы должны делать все возможное, чтобы найти общину или группу людей, которая сможет обеспечить вас тем, что вы ищете. Но постарайтесь не быть излишне требовательными, потому что община всегда остается коллективом несовершенных людей. Тем не менее всегда существует другое измерение. Местные церкви – это те места, где можно получить дар веры. Поэтому ищите этот дар и вносите свой вклад в благополучие и рост этого сообщества. Когда вы будете этим заниматься, вы сможете медленно, но верно удалиться от «границ» и насладиться более богатыми и удовлетворяющими отношениями с вашей церковью – с единоверцами и с Богом.

---

1   Jonathan Haidt, *The Righteous Mind* (London, UK: Penguin, 2012), p. 285.

ГЛАВА 8

Во что именно я должен верить?[1]

В то давнее время, когда мой сын был зачислен в христианскую начальную школу в голландском городке, где мы жили, моя жена предложила школе свою добровольную помощь, чтобы помогать ученикам вырабатывать хорошие навыки чтения. Это было больше сорока лет назад. Ее предложение понравилось, но существовала одна небольшая проблема. Школа была кальвинистской и требовала от всех преподавателей и добровольцев подписать документ о том, что они согласны с *Тремя формами единства*. Моя жена никогда не слышала об этих трех формах. Вполне логично, что она не хотела подписывать о, что она никогда не читала, и после этого она предложила свое добровольную помощь государственной школе, находившейся неподалеку.

Что представляют из себя *«Три формы единства»*? Они касаются некоторых считающихся авторитетными документов голландских кальвинистов шестнадцатого и семнадцатого века. Наиболее известным из всех трех является Гейдельбергский катехизис. Один из документов имеет отношение к спорам о «свободной воле», которые бушевали между арминианским лагерем «свободной воли» и теми, кто защищал абсолютное предопределение. Несмотря на то что школьные администраторы заметили, что подпись под документом была простой формальностью, моей жене не нравился тот факт, что она должна была подтвердить свое согласие с этими древними книгами и доктринальными взглядами, которые представляли эти книги. Вплоть до сегодняшнего дня «Три формы единства» являются так называемыми вероисповедальными документами Протестантской церкви Голландии (ПЦГ). Означает ли это, что большинство членов этой конфессии (и других конфессий кальвинистской традиции в Голландии и по всему миру) знают, о чем говорят эти документы? Я боюсь, что большинство из этих людей в лучшем случае имеют об этом лишь смутное представление. Я догадываюсь, что подавляющее их большинство никогда не прочитало ни одной буквы из этих книг. Но множество обсуждений по поводу некоторых аспектов этих документов продемонстрировали, что в них по-прежнему сложно изменить хотя бы один абзац или несколько слов. Вот что обычно происходит, когда церковь принимает «символ веры».

Именно это имели в виду ранние лидеры адвентистской церкви, когда они выразили свое несогласие с принятием какого-либо официального исповедания веры. Они видели, как в тех деноминациях Соединенных Штатов, к которым они прежде принадлежали, эти документы приобрели почти такой же уровень авторитета, как и Библия. И они испытали на собственном опыте, как трудно вступать в открытое обсуждение даже самых мелких аспектов такого символа веры. Все уже было определено раз и навсегда, и нужно было лишь придерживаться того, что решили мудрые люди из прошлого. Поэтому пионеры - адвентисты громко и гордо провозглашали: «*У нас нет символа веры, кроме Библии*!»

Но постепенно нежелание вырабатывать свой «символ веры» рассеялось. И сегодня у нас есть документ, известный как Двадцать восемь *Оснований вероучения адвентистов седьмого дня*. Теперь он имеет гораздо большее значение, чем простое перечисление наиболее важных адвентистских верований. *Основания вероучения* стали тестом на правоверность. Суть их на сегодня заключается в том, что *вы должны верить в эти Основания, если вы действительно хотите стать частью церкви.*

Значит ли это, что все адвентисты седьмого дня более-менее знают, о чем говорят двадцать восемь Основ вероучения? Отнюдь нет. Временами я проводил небольшие исследования, и обнаружил, что большинство голландских адвентистов в состоянии перечислить лишь десяток «Основ вероучения», или около того. И, давайте будем честны, большинство новообращенных членов церкви не имеют четкого представления о значении многих из этих двадцати восьми доктрин. В далеких от нас странах ситуация, вероятно, не лучше. Я не думаю, что большинство из 30 000 членов церкви, которые были крещены в Зимбабве после евангельской кампании, проходившей там несколько недель, или же 100 000 мужчин и женщин, крещенные в один день в Руанде в мае 2016 года будут в состоянии даже назвать хоть несколько «*Оснований*» адвентистской веры. Высшее руководство церкви было вовлечено в эти массовые крещения и прославляло Бога за эту «обильную жатву душ». Но в то же самое время эти же церковные руководители по разным поводам говорят, что ты не можешь быть хорошим адвентистом, если ты полностью не подпишешься под всеми двадцатью восемью *Основами вероучения*. Кажется, что здесь что-то не складывается воедино.

Неоспоримо, что адвентистское изложение *Оснований вероучения* – это важный документ. Тем не менее мы не должны делать его более важным, чем он есть. *Основы вероучения* никогда не должны приобрести стерильный статус «исповедания веры», который может быть использован в качестве контрольного списка для определения ортодоксальности человека (или же его несоответствия ортодоксальным взглядам). Это полностью противоречит адвентистской традиции.

НУЖНЫ ЛИ НАМ ДОКТРИНЫ?

Многие верующие задаются вопросом: нужны ли нам вообще доктрины? И если да, то какие доктрины имеют определяющее значение, а какие из них могут считаться менее существенными? В умах многих верующих доктрины или догмы ассоциируются с богословием и с чисто интеллектуальным подходом к религии. Почему, могут спросить многие верующие, нам не достаточно иметь «простую» детскую веру? Хотя может показаться, что вера и доктрины могут временами конфликтовать друг с другом, но они не противоречат друг другу. Они тесно связаны и дополняют друг друга.

Доктрины – или богословие – являются *результатом* веры, и они *подпитывают* нашу веру. Вера, согласно известному высказыванию средневекового богослова Святого Ансельма, «стремится понять себя». Это «стремление понять» - не просто индивидуальный поиск истины, оно происходит в контексте общины. Естественно, что сообщество верующих желает постигнуть, во что оно верит, и желает описать это в каком-нибудь систематическом порядке. Оно хочет узнать, как применять свою веру не только в теории, но и на практике. Большинство христиан говорят, что доктрины, в которые они верят, основаны на Библии, но на самом деле это чрезмерное упрощение вопроса. Дело в том, что прочтение и изучение Библии не происходит в вакууме, но всегда в границах сообщества, историческом контексте и в той или иной культуре.

Мне кажется, что мы могли бы сравнить роль доктрины в опыте нашей веры с ролью грамматики в сфере языка. Грамматика – это не то же самое, что язык, но грамматика дает языку его структуру. Поэтому она помогает нам самим понять, как объяснять другим людям, что мы имеем в виду. Чем более квалифицированными мы становимся в использовании языка, структурированного хорошей грамматикой, тем лучше мы сможем передавать определенные концепции другим людям. Это, в некотором смысле, верно и в том, как доктрина помогает вере. Мы, как минимум, должны иметь базовые знания «грамматики» языка веры, если мы хотим, чтобы разговор о сути нашей веры имел смысл.

Если мы верим в Бога – если мы доверяем Ему и хотим иметь с Ним отношения – то для нас будет естественным знать больше о Нем и о Его ожиданиях от нас. *Личностное* измерение (мы верим в *Личность*) всегда должно быть на первом месте, но у нас должны быть и знания о том, *как* устроена наша религия. Это измерение знаний и практики, основанной на этом знании.

Доктрины, как иногда говорят, это попытка перевести Истину на человеческий язык. Это сопровождается множеством ограничений, даже если Святой Дух считается главным посредником в этом процессе. Мы всегда столкнемся с невозможностью адекватно выразить божественные понятия человеческими категориями, символами, понятиями и языком. Мы никогда не должны упускать из вида этот жизненно важный факт. Но, признавая должным образом «человечность» наших доктрин, нужно согласиться, что они по-прежнему важны для того, чтобы придать структуру выражению нашей веры.

ВСЕ ЛИ ОДИНАКОВО ВАЖНО?

Не все вещи одинаково важны. Мы часто говорим: «Здоровье важнее всего!» Здоровье обычно рассматривают как вещь более важную, чем социальный статус. И к счастью, большинство людей воспринимают свою семью и друзей гораздо серьезнее, чем всякого рода материальные вещи. Жизнь становится очень убогой, когда человек не знает, как провести различие между вещами, которые на самом деле важны, и вещами меньшей важности.

Все это применимо и к сфере церковной и духовной жизни. «Вышестоящие» церковные организации (в адвентистской церкви это Генеральная Конференция, дивизионы, унионы и конференции), конечно же, играют важную роль в жизни церкви, но поместная церковь является тем местом, *где течет реальная жизнь*. Точно так же нам важно правильное понимание богословских вопросов, но близкая связь с Богом и вера, поддерживающая нас в жизни, гораздо более важны. Поэтому так же естественно будет задать вопрос, все ли христианские доктрины одинаково важны и все ли «*Основания вероучения*» равно основательны, то есть, являются для нас равно основополагающими?

Часто я слышу, как люди говорят: «если что-то является частью Истины, то мы не можем сказать, что это относительно неважно или менее важно, чем что-то другое. *Истина это истина*! Кто мы такие, чтобы говорить, что конкретная истина не настолько важна, как другая часть Истины?» Но будем честными, именно так и обстоят дела. Большинство (на самом деле, я подозреваю, что все) из адвентистов интуитивно чувствуют, что определенные вещи определяют их адвентистское бытие, в то время как другие вещи не попадают в ту же самую категорию. Например, для большинства из нас суббота является (я надеюсь) более важной истиной, чем воздержание от свинины.

20 мая 2004 года Альберт Молер - младший, президент богословской семинарии южных баптистов в городе Луисвилль, штат Кентукки, опубликовал на своем сайте статью под названием «Призыв к богословской сортировке и христианской зрелости[2]». Использованное им слово *сортировка*, или классифицирование (английское «*triage*») произошло от французского слова «сортировать» и часто используется в медицинской сфере. Во время войны, или когда происходит катастрофа, этим термином называют процесс определения, кому из людей необходима приоритетная помощь. Не все ранения угрожают жизни, в то время как некоторые из них могут привести к смертельному исходу, если не приступить к лечению немедленно. Подобным образом Молер утверждает, что христиане должны определить «шкалу богословской срочности», то есть, разложить доктрины по степени их важности. Он предлагает, что существуют «богословские вопросы первого уровня», которые включают в себя доктрины «центральные и существенные для христианской веры». Те, кто отрицают эти доктрины, перестают быть христианами. Кроме этого, он говорит о существовании доктринальных вопросов второго уровня. Они тоже важны, но по-другому. Эти вопросы обозначают принадлежность христианина к определенной конфессии. Полное отрицание этих доктрин, как минимум, усложнит нахождение человека в сообществе верующих, которые видят эти доктрины истинно отличительной и существенной частью своей идентичности. На третьем месте стоят богословские позиции, на которые даже члены одной и той же общины или одной и той же конфессии могут смотреть по-разному, не ставя при этом под угрозу общение друг с другом.

Молер утверждает, что такая «сортировка» очень важна, так как она поможет нам избежать борьбы вокруг вопросов третьего уровня, как будто бы они были доктринами первостепенной важности. С другой стороны, сортировка посылает нам сильный сигнал, что некоторые доктрины принадлежат к первой степени важности и к ним нельзя относиться как ко второстепенным или третьестепенным. Похоже, это будет иметь важное применение и в том, как церковное сообщество будет провозглашать свою весть, особенно в тех моментах, какие конкретные аспекты их учения будут подчеркнуты при проповеди.

Молер не был первым человеком, который поднял этот вопрос, и он не будет последним. Вопрос о том, какие из доктрин «существенны» или «первостепенны», звучит в двух формах: (1) Что является сутью христианской веры? (2) Каковы *основные доктрины* церкви, к которой я принадлежу? Если вы спросите людей из разных конфессий или разных общин, которые принадлежат к одной и той же конфессии, что они считают главным в богословии своей церкви, вы получите множество разных ответов. Это истинно и для Церкви адвентистов седьмого дня. Члены церкви, которых вы спрашиваете о самых важных адвентистских доктринах, обычно не процитируют вам весь список из двадцати восьми «Основ вероучения», но упомянут лишь некоторые – и не всегда те же самые. Это верно и для верующих «на грани», и для тех адвентистов, которые не разделяют убеждения и сомнения «маргиналов».

Другой важной частью в нашей дискуссии является факт, что доктрины любой религиозной традиции не являются статичными, время от времени они *меняются*. Изменение доктрин, или «развитие доктрин», как предпочитают говорить многие, было и остается характерной особенностью христианской церкви. Если вы зададитесь вопросом, правда ли это, пойдите в богословскую библиотеку (или поищите в интернете) и вы откроете для себя тысячи книг, написанных об истории христианских доктрин и тех изменениях, что имели место в развитии догм. Существуют различные теории о том, как происходят доктринальные изменения[3]. Некоторые утверждают, что поздние доктринальные разработки по большей части лишь проясняют ранние христианские доктрины, в то время как другие определяют эти изменения как более «существенные» перемены.

На протяжении своей истории адвентисты меняли свое мнение о многих вещах. В самом начале небольшая группа верующих, которая испытала «великое разочарование» 1844 года (когда Иисус, вопреки их ожиданиям, не явился на облаках небесных), была убеждена, что «дверь благодати» была закрыта. Они говорили, что Христос покинул небесное святилище, и вечная судьба всех людей уже предрешена. Эти адвентисты «закрытой двери» - и среди них Елена Уайт – не видели никакой необходимости говорить о своих убеждениях людям за пределами своей группы, так как считали, что это не принесет никакой пользы. Люди уже погибли или спасены. Тем не менее после этого не прошло слишком уж много времени, чтобы адвентисты «закрытой двери» передумали и начали развивать миссионерский дух, поняв, что других нужно предупредить о «скором» Пришествии Христа.

Или же можно упомянуть другой пример изменений: в ранний период адвентистской истории послушание Божьим заповедям играло такую сильную роль, что истина о спасении как о милостивом даре Бога была спрятана под толстым слоем законничества. Ранее я упоминал об изменениях, которые произошли в отношении учения о Троице. Я мог бы добавить, что многие из конкретных предсказаний, сделанных на основе традиционного адвентистского понимания пророчеств, по прошествии некоторого времени пришлось исправить. Например, во время Первой и Второй мировых войн менялись традиционные взгляды на Армагеддон. И так далее[4].

Углубленный анализ доктринальных изменений на протяжении истории адвентистской церкви покажет, что эти доктринальные изменения были в основном определенного вида. Адвентисты поменяли детали многих своих взглядов, но с момента, когда конфессия прочно утвердилась, они почти не работали над тем, чтобы открывать новые доктрины. Хотя по прошествии времени они видели необходимость в том, чтобы изменить определенные акценты в формулировках своих доктринальных взглядов, чтобы восстановить баланс и подчеркнуть свою христианскую идентичность. Но даже смещения акцентов означали собой перемены, которые с течением времени часто оказывали значительное влияние[5].

Нет никаких сомнений, что в адвентистском вероучении происходили изменения в том, как оно было выражено в публикациях и в других формах. Эти перемены часто происходили постепенно и редко принимали форму прямого отказа от убеждения, которое имелось ранее. Джордж Найт, эксперт в адвентистской истории, утверждает, что «история адвентистского богословия – это одно продолжающееся преобразование»[6]. Другими словами, доктринальное изменение – это не воображаемое дело, оно реально.

Другим фактором, который стоит отметить, является настаивание адвентистских пионеров (определенно, включая и Елену Уайт) на динамической природе «истины для настоящего времени», которая признает ясную возможность «нового света». В 1892 году Елена Уайт писала:

> «...Станем ли мы утверждать собственные доктрины, чтобы заставить все Писание соответствовать им? ... Взлелеянные в течение долгого времени мнения не надо рассматривать как безошибочные... Мы должны многому научиться и от многого отказаться. Непогрешимы лишь Бог и небеса. Кто думает, что им никогда не придется оставить взлелеянные ими идеи, что у них никогда не будет повода изменить свое мнение, тех постигнет разочарование»[7].

И она выражала свое мнение подобным образом позже в этом же году:

> «Неоправданна позиция братьев, полагающих, что больше не существует неоткрытых истин и что все наши истолкования Писания безошибочны. Тот факт, что наш народ считал некоторые доктрины истинными в течение многих лет, не может служить доказательством безошибочности наших взглядов. С течением времени заблуждение не превратится в истину, а истина всегда остается неизменной. Истинное учение ничего не потеряет от тщательного исследования».

Даже сегодня адвентистская церковь обладает (по крайней мере, в теории) процедурой серьезного изучения любого «нового света», который может появиться. Факты, которые мы только что упомянули, важно хранить в памяти, когда мы обсуждаем вопрос о том, как разделить уровни важности доктрин. Они помогут нам не становиться чрезмерно обеспокоенными опасностью релятивизма и субъективизма, когда у людей возникают вопросы о «сути» учения адвентистов или они отстаивают какие-нибудь перемены.

«СТОЛПЫ» НАШЕЙ ВЕРЫ

Нельзя отрицать, что с самого возникновения своего движения адвентисты верили, что некоторые детали их вести более заметны, чем другие. Изложение вероучения 1872 года информировало читателя, что оно создано с намерением выделить «наиболее характерные особенности» веры[9]. Елена Уайт часто ссылалась на «столпы истины» и «вехи» нашей веры. Хотя применение ею этих терминов достаточно расплывчато, ясно то, что она не считала все доктрины имеющими одинаковую важность[10].

Тот факт, что Елена Уайт и другие ранние лидеры адвентистов отличали по важности отдельные доктрины, не был основан на тщательном богословском исследовании, но был вызван их восприятием миссии церкви. Они были убеждены в том, что должны проповедовать истины, которые были затушеваны традиционной религией, а теперь были открыты адвентистами заново. Они жили и работали в том окружении, где могли с уверенностью предположить, что большинство людей, которых они привлекли, разделяют основное христианское вероучение как консервативные протестанты. Это объясняло, почему эти основные доктрины тогда выделены не были.

Осознание того, что нельзя пренебрегать другими элементами христианской проповеди, которые были частью ортодоксальной христианской традиции, в то же время, когда подчеркиваются особенные адвентистские доктрины, появилось постепенно, когда деноминация испытывала дальнейший рост и развитие. Это также можно проиллюстрировать в том, что писала Елена Уайт. С развитием ее понимания Уайт значительно сдвинула акценты своих книг. Хорошей иллюстрацией послужит ее цитата из книги 1893 года: «Христос, Его характер и Его дела является *центром* и средоточием всей истины, Он – то ожерелье, на которое нанизываются драгоценные доктрины». Это совсем не то заявление, которое она могла бы сделать в ранние годы своего служения.

Идея о том, что, возможно, не каждое из двадцати восьми *Оснований вероучения* имеет равный вес с прочими, подтверждается тем фактом, что заявление о «посвящении», согласие с которым ожидается от каждого кандидата ко крещению, предлагает сводку всего лишь тринадцати доктрин, выраженных гораздо более лаконично, чем соответствующая формулировка этих доктрин в изложении *Оснований вероучения*. Состоящие из тринадцати пунктов *вопросы крещаемым* близко отражают это заявление. Интересно отметить, что приемлемым считается и альтернативный, более краткий вариант. В этих альтернативных вопросах содержится ссылка на «учение Библии, как оно выражено в Основании вероучений», тогда как в обычных вопросах такая ссылка не считается необходимой, несмотря на то что там нет полного текста двадцати восьми Оснований вероучения[12]. Можно ли рассматривать список, с которым соглашаются кандидаты на крещение, как более «фундаментальный», чем «двадцать восемь доктрин?»

Мнения членов церкви по поводу формулировок *Оснований вероучения* варьируются очень широко. Можно найти членов церкви, которые проявляют большое уважение к *Основаниям вероучения* и рассматривают каждую их строчку и даже каждое слово почти как вдохновленное свыше. Это отношение граничит с тем, что можно назвать «основопоклонством»[13]. С другой стороны, существует, как я думаю, очень широко распространенное мнение о том, что изложения *Оснований вероучения* слишком детализированы и к тому же странным образом смешивают стандарты образа жизни и доктринальные вопросы[14].

Если на самом деле верна предпосылка, что некоторые доктрины важнее других, то как нам выйти за пределы собственных личных предпочтений, когда мы делаем нашу «сортировку»? Можно ли установить надежные критерии, с помощью которых мы установим «иерархию» доктрин адвентистского богословия?

Какую бы модель мы ни разработали, главный и основной факт, ясно представленный Писанием, содержится в высказывании самого Христа. В Иоанна 14:6 мы читаем: *Христос заявляет, что Он и есть Истина*, то есть, что вся истина исходит от Него. Каждая доктрина, заявляющая о своей истинности, должна иметь отношение к жизни и служению Иисуса Христа. *Христос является центром, и Он должен стать основанием любой подлинной христианской «системы» «фундаментальных» истин.* Именно об этом говорит Евангелие – «благая весть». «Это есть сила Божия ко спасению всякому верующему» (Римлянам 1:16). «Нет другого имени под небом, данного человекам, которым надлежало бы нам спастись», кроме Христа (Деяния 4:12). Принятие или отрицание этой «основной» истины определяет, находится ли человек в Божьем лагере или нет. Мы можем процитировать еще одну цитату из уст Христа, которая это подтверждает: «Верующий в Сына имеет жизнь вечную, а не верующий в Сына не увидит жизни, но гнев Божий пребывает на нем» (Иоанна 3:36). «Познание Господа нашего Иисуса Христа» имеет решающее значение, и верующие должны убедиться в том, что оно «в них есть и умножается» (2 Петра 1:8). Иоанн использует более сильные выражения: «...Тот, кто отвергает, что Иисус есть Христос,... это антихрист» (1 Иоанна 2:22). Джордж Найт подчеркивает важность этого отправного пункта, заявляя, что «отношения с Иисусом и понимание Креста Христова и других центральных элементов плана спасения показывают понимание человеком доктрины»[15]. Сделав этот важный шаг, куда мы направимся дальше?

ДВА, ТРИ, ЧЕТЫРЕ СЛОЯ?

Первым вопросом в книге «*Адвентисты седьмого дня отвечают на вопросы о доктринах*» является следующий: «Какие доктрины адвентисты седьмого дня разделяют как общие с другими христианами,

и в каких аспектах христианской мысли они отличаются?» В ответе различаются три категории доктрин:
1. доктрины адвентистов «общие с консервативными христианами и историческими протестантскими символами веры».
2. «некоторые спорные доктрины, которые мы разделяем с некоторыми, но не всеми консервативными христианами».
3. «несколько наших отличительных доктрин»[16].

Общее количество доктрин, перечисленных в этих трех категориях, тридцать шесть. Это напоминает нам слова Альберта Молера, которые мы читали ранее в этой главе, в которых он также предложил три различных доктринальных уровня. Другие авторы тоже предлагают двух или трех уровневые подходы к доктринам[17].

Такой тип классификации может быть полезным для определения того, что уникально для сообщества, в котором исповедуют такие доктрины, а что – нет. Но этот подход не предлагает нам никакой прямой помощи в определении того, какие из адвентистских доктрин более фундаментальны, чем другие. Адаптация этого подхода, предложенная Вудро Видденом, может быть полезна нам для того, чтобы продвинуться на шаг вперед[18]. Он предлагает, чтобы мы сделали различие между теми доктринами, которые отражают общее ортодоксальное христианское наследие от «адвентистских» доктрин. Далее Видден предлагает отличать адвентистские доктрины, которые можно назвать «существенными»: это те элементы, которые формируют «необходимую основу для адвентистской богословской мысли». Далее он предлагает, что некоторые адвентистские доктрины можно считать «не существенными»[19]. Джордж Найт, в противоположность Виддену, придерживается мнения, что вопросы стиля жизни также должны включаться в эту классификацию истин[20].

Я бы предложил модель, которая объединяет эти отличающиеся друг от друга элементы. Я, конечно же, не предполагаю, что говорю решающее слово в этой дискуссии, но лично мне это помогло получить некую опору в вопросе, что более важно для моего духовного путешествия и что менее важно. Графически эта система выглядит в виде нескольких кругов:

Позвольте мне предложить несколько примеров доктрин и взглядов для каждой категории.

В категорию (1) я бы поместил учение о Боге как Троице; Триедином Боге как Творце и Вседержителе вселенной; спасении, вечной жизни и суде через Иисуса Христа; деятельном присутствии Святого Духа; богодухновенности Писаний; откровении о нравственных принципах; основных элементах процесса спасения; призыве проповедовать Евангелие.

В категорию (2) можно поместить ряд «неотъемлемых особенностей» адвентистов, например, субботу как седьмой день покоя; скорое возвращение Христа; крещение через полное погружение; важность Вечери Господней; веру в первосвященство Христа; призыв к человеку быть управителем; смерть как своего рода бессознательный «сон»; возобновление духовных даров.

Категория (3), на мой взгляд, будет касаться таких вещей, как адвентистское толкование пророчеств, десятина, диета, временной аспект первосвященнического служения Христа (1844) и, возможно, обряд ногоомовения.

В последней концентрической окружности (4) я бы поместил конкретные предсказания об исполнении пророчеств, спорные вопросы, связанные с вдохновением Елены Уайт, нескончаемое обсуждение того, что можно и что нельзя делать в субботу, стили богослужения, возможность «ношения украшений» и т.д.

Смотрите рисунок ниже:

Я осознаю, что многие адвентисты не будут рады такой модели. Некоторые, вероятно, будут не согласны с ней полностью или отреагируют еще более негативно. В частности, я признаю, что упомянутые мною примеры того, что можно поместить в каждую из категорий, могут оказаться чрезвычайно опасным для меня опытом с точки зрения перспективы моего дальнейшего положения в церкви. Но я верю, что в церкви есть многие христиане, которые поприветствуют обсуждение этой темы и которые будут стремиться к честным обсуждениям того, что действительно нужно считать сутью адвентизма и что совсем не так «существенно».

НЕКОТОРЫЕ ВЫВОДЫ

Я считаю, что в дискуссии о том, как расположить наши доктрины, нужно отметить несколько вещей. Во-первых, я хочу вновь подчеркнуть, что все доктринальные формулировки должны каким-то образом иметь ясное отношение к Центру, Иисусу Христу. Доктринальная *истина* становится *Истиной*, только когда она связана с Личностью и служением нашего Господа Иисуса Христа.

Во-вторых, границы между категориями доктрин не всегда совершенно ясны. По этой причине я обозначил некоторые границы прерывистыми линиями. Ключевой вопрос здесь в том, можем ли мы указать на несколько важнейших доктрин, которые несомненно будут принадлежать к каждой из категорий? «Верующие на грани» особенно заинтересованы в убедительном ответе на этот вопрос. Я бы предположил, что если существуют «существенные» доктрины, то они будут принадлежать к первой или второй категории.

В-третьих, я очень намеренно отделил основополагающе *христианские* доктрины от адвентистских «существенных» доктрин, хотя они во многом взаимосвязаны. Например, для нас не будет полезным делом сравнивать важность доктрины о субботе с учением о Троице, а потом спрашивать, что из этого более важно. Это будет во многом напоминать сравнение яблок с грушами. Идентичность адвентистов седьмого дня определяется твердой приверженностью обеим этим доктринальным категориям. Тот факт, что мы *христиане* в первую очередь и, как христиане, мы выбрали *адвентизм*, делает нас *христианами – адвентистами*[21]. Уделяя основное внимание основополагающим христианским верованиям, мы постоянно напоминаем себе, что в наши дни и в наш век люди, начинающие знакомиться с *адвентистской* версией христианства, совсем не имеют гарантированного знания о христианском учении.

В-четвертых, круг «менее существенные» означает именно то, что на нем написано. Это не нужно читать как «неважные». Следует признать, что любой процесс классификации доктрин – это субъективное дело. Могут быть сделаны ошибки. Но он не обязательно *полностью* субъективен и совсем не обязательно содержит в себе рецепт катастрофы. Все еще существует руководство богодухновенного Слова и Живого Духа. Кроме того, мы должны помнить, что, пока мы все еще остаемся грешными людьми, *все* наши богословские исследования остаются субъективными и, в каком-то смысле, рискованными. Но это не значит, что мы должны рассматривать эти исследования как опасные и ведущие «на скользкую дорожку». В любом случае использование аргумента о «скользкой дорожке», как правило, является скорее признаком слабости, чем принципиального и ясного мышления.

В-пятых, адвентистам потребовалось больше столетия для того, чтобы прийти к текущей формулировке наших *Основ вероучения*. Доктринальное развитие требует времени. Таким образом, не следует ожидать, что мы в одночасье придем к согласию о том, что составляет основу вероучения адвентистов. Это требует терпения и... терпимости!

В-шестых, я твердо убежден в том, что если в будущем будет происходить дальнейший пересмотр *Оснований вероучения*, этот документ не нужно удлинять и делать более детальным, скорее, его нужно сократить. Я был бы рад новому тексту, который бы был ограничен «основополагающими христианскими» и «существенными адвентистскими» доктринами. В связи с этим стоит процитировать слова Роберта Грира:

> «...*Доктринальные формулировки... не должны быть слишком всеобъемлющими*. Когда доктринальная формулировка включает в себя слишком многое, она (1) ведет к риску сделаться слишком обольстительной, так как предлагает законченную христианскую мысль, что является очень привлекательным и комфортным для многих людей; (2) устраняет необходимость мыслить критически; (3) заглушает Святого Духа, Который, возможно, пожелает заново заговорить из Писания с человеком или общиной; и (4) порождает триумфализм, который скорее отпугивает, чем поощряет

богословские обсуждения между деноминациями или внутри конфессиональных границ»[22].

ЛИБЕРАЛЫ ИЛИ КОНСЕРВАТОРЫ?

В ходе дискуссии о «весе» конкретных доктрин почти неизбежно всплывают ярлыки «либерализма» и «консерватизма». Соответствующими им ассоциациями становятся звучащие еще хуже словосочетания «левое крыло» и «правое крыло» церкви. Если бы мы только могли избежать обоих этих терминов, так как они очень неточны и имеют тенденцию использоваться людьми с предубеждением или с осуждением. Когда многих пасторов или преподавателей богословия называли «либералами», это повредило их карьере или даже разрушило ее. С другой стороны, известность в качестве «консерватора» закрыло многие двери (и кафедры) для других. Некоторые люди протестуют, когда их называют «либералами», в то время как другие с гордостью принимают репутацию принадлежности к «левому крылу». Некоторые студенты, которые желают стать пасторами, очень аккуратно выбирают колледж или университет, чтобы профессора богословия там были известны своей консервативностью. В то же время для других это станет сильным стимулом, чтобы избежать учебы в таком колледже.

То, что Библия говорит о наших отношениях с другими людьми, имеет непосредственное применение к неудачной поляризации людей между либеральной и консервативной сторонами. Нам нужно любить нашего «ближнего» как самого себя – для того, кто консервативен, это определенно значит, что он должен включать в число ближних своего единоверца – либерала; а для того, кто принадлежит к «левому крылу» церкви это должно включать тех, кто принадлежит к «правому крылу». К сожалению, либералам и консерваторам часто бывает трудно общаться друг с другом в приятной и конструктивной форме, им бывает трудно даже выслушать друг друга (и это верно для обеих партий). Кроме того, во многих случаях люди ошибаются в том, что картина далеко не такая простая, как они себе представляют, потому что люди очень редко полностью либеральны или на сто процентов консервативны. Они могут быть либеральными по отношению к некоторым вопросам, но на удивление консервативны в отношении многих других вещей. Мы можем встретить людей, которые очень либеральны в своей теологии, но достаточно консервативны в своем стиле жизни, и наоборот. Я разговаривал с несколькими молодыми людьми, которые лихорадочно цеплялись за взгляды традиционного адвентизма, беспокоясь об учении церкви, но после этого они сообщили мне, что счастливо сожительствуют со своими подругами!

Алден Томпсон, адвентистский профессор богословия в Университете Вала-Вала (расположенном в городе Вала-Вала, штат Вашингтон), указывает на три разные «вкуса», говоря о либералах и консерваторах. То, о чем он говорит, не объясняет всего, но определенно созвучно с нашим обсуждением. Томпсон говорит, что *либералы любят вопросы, в то время как консерваторы хотят получить ответы*. Когда дело касается образа жизни, можно сказать, что консерваторы любят изоляцию в пустынных местах, когда либералы бегут в города, чтобы быть с людьми. Консерваторы ощущают Бога как мощное присутствие, в то время как для либералов Бог может быть более отдаленной реальностью[23].

Адвентистский ученый Фритц Гай пытается обобщить свои взгляды о консерватизме и либерализме в следующих словах: «*Консерваторы больше всего обеспокоены тем, чтобы сохранить те истины, которые нам уже открыты, воплощая их в традициях, которым мы научились доверять. С другой стороны, либералы ищут открытия новых истин и новых толкований старых истин*»[24]. Что ж, если это корректное определение либералов, то я с гордостью принял бы этот ярлык как почетное звание. Однако можно утверждать, что термин «прогрессивный» будет более предпочтителен по сравнению с определением «либеральный». Профессор Гай наводит на мысль, что большинство из нас, как правило, на самом деле стремится к тому, чтобы быть «либеральными» или «консервативными», но все мы сможем стать более «прогрессивными», если будем учиться друг у друга, более внимательно слушать друг друга и пытаться расти вместе[25].

ФУНДАМЕНТАЛИЗМ

Другой парой противоположностей, важных, по крайней мере, когда мы обсуждаем разнообразие в мнениях по поводу доктрин, будут *фундаментализм* и *релятивизм*. Христианская вера становится полностью бессмысленной, если мы поддерживаем полный релятивизм, провозглашающий, что нет ничего надежного и никакие ценности или идеи не могут требовать от нас абсолютной преданности. Как мы утверждали ранее, у нас нет твердых «доказательств» существования Бога, Которого мы встречаем в Библии и Который явил Себя в Иисусе Христе. Тем не менее у нас есть достаточно свидетельств, чтобы сделать «шаг» веры и оказаться вовлеченными в эту веру. Мы также говорили о негативных аспектах фундаментализма. На этом этапе нашего обсуждения я хотел бы подчеркнуть еще раз, что адвентистский консерватизм, как правило, стремится заигрывать с фундаментализмом.

«Фундаментализм – религиозный или светский – сам по себе больше вдохновлён сомнениями, чем уверенностью, больше основан на страхе, чем на спокойной вере и устоявшихся убеждениях»[26]. Это заявление было сделано Джеймсом Дэвисоном Хантером (р. 1955), выдающимся американским социологом, который способствовал большой популяризации термина «культурные войны». Хантер утверждает, что по большей части фундаментализм негативен. *Он отвергает то, что считает опасным и реагирует на угрозы*[27]. «Для фундаменталиста намного легче избрать врагов вне своей традиции, чем искать ответы внутри... Он не предлагает никаких конструктивных решений для ежедневных проблем, которые беспокоят большинство людей, и не дает решений жизненно важным вопросам разномыслия и перемен. На самом деле он всего лишь противостоит им»[28].

Эти слова стоит помнить, когда мы следим за текущими дебатами в адвентистской церкви. Традиционалисты (или фундаменталисты, консерваторы, «представители правого крыла», или любой другой термин, который мы можем использовать), как правило, реагируют, всегда становятся на защиту, постоянно предупреждают об опасности, которую они видят или же воображают. Они не хотят выслушивать слишком большое число вопросов, тем более что их задают «верующие на грани», традиционалисты заявляют о том, что они уже обладают всеми ответами.

КТО «НАСТОЯЩИЙ» АДВЕНТИСТ?

Официальным ответом на вопрос, кого можно считать «настоящим» адвентистом, будет: «это тот человек, кто согласен со всеми двадцатью восемью *Основаниями вероучения*». Но если этот ответ является правильным, то он исключит большинство, если не всех «верующих на грани». И да, если от нас потребуется полное согласие со всеми деталями этих вероучений именно так, как они сегодня сформулированы, то я должен буду сказать, что я не «настоящий» адвентист. Должно ли это лишить меня спокойного сна? Нет, не должно.

Мне не нужно беспокоиться о своем членстве в церкви адвентистов седьмого дня (по крайней мере, до тех пор, пока я гетеросексуал, а не «гей»). Если лидеры Генеральной Конференции придут к заключению, что у меня слишком много еретических идей, чтобы я мог называть себя настоящим адвентистом, или же руководство Голландского Униона столкнется с серьезными проблемами из-за вещей, которые я говорю или пишу, то они смогут попросить меня изменить мое мнение или же они могут принять решение больше не приглашать меня проповедовать или участвовать в некоторых совещаниях. Они могут отказаться одобрять и рекламировать любые дальнейшие публикации, которые я могу написать в будущем. Они могут решить молиться за меня, или могут даже заламывать свои руки в отчаянии. Они будут в состоянии сделать все это, но они не смогут коснуться моего членства в церкви.

Только моя поместная церковь может проголосовать, чтобы принять меня своим членом или же исключить меня из членства. Однако нет большой вероятности того, что они станут рассматривать вопрос моего членства в ближайшем будущем, если только я внезапно не начну вести себя крайне аморально или не стану устраивать скандалы на богослужениях. Таким образом «верующие на грани» могут быть спокойны: до тех пор пока поместная церковь, где находится их членство, рада сохранять их имена в списках, они являются *добросовестными* членами церкви. Кроме того, большинство поместных церквей крайне неохотно рвут связи с людьми – даже с теми, кто «на грани» - пока те сами не захотят, чтобы их членство в общине было ликвидировано. (И иногда даже после этого бывает не так просто добиться, чтобы твое имя удалили из церковных книг!)

Но давайте не будем рассматривать этот вопрос только лишь с административной точки зрения, так как членство в церкви – это не только наличие твоего имени в церковном списке. Не каждый имеет право находиться в этом списке. Если кто-то желает, чтобы на него смотрели как на «христианина», он, как я считаю, должен согласиться с рядом христианских принципов. Для меня это означает, что человек теряет свое право называть себя христианином, если он больше не верит в Бога и в Иисуса Христа как в Того, Кто играет решающую роль в отношениях между Богом и человечеством. Кроме того, я считаю, что я должен разделять некоторые ключевые убеждения адвентистов с моими единоверцами – адвентистами, если я хочу называть себя адвентистом седьмого дня. На этом этапе очень важно иметь ясное представление, что «существенно» и что «менее существенно» в нашем адвентистском вероучении.

Настоящий ли я адвентист или нет, в конечном счете, решаю я сам. Именно я - тот, кто должен определить, согласен ли я с основными доктринами христианской веры и достаточно ли я близок к адвентистской интерпретации христианской веры, адвентистскому сообществу веры и считаю ли я себя «искренним» адвентистом. На этом основании я, ни в чем не колеблясь, называю себя «настоящим» адвентистом. И я верю, что это верно и для большинства моих единоверцев, включая и тех, кто рассматривают себя как «верующих на границах» церкви.

Я всем сердцем согласен с профессором Фрицем Гаем – богословом, на которого я ссылался ранее – когда он перечисляет несколько главных аспектов подлинного адвентизма[29]. Он начинает свой короткий список с того, что адвентист «имеет дух открытости к истине для настоящего времени». Это означает, что подлинный адвентист никогда не считает, что он обладает полнотой «истины». Как верили ранние лидеры адвентистов, «настоящий» адвентист должен быть готов изменить свое мнение, когда это будет необходимо, чтобы продолжить изучение, и расти в понимании того, что значит быть христианином – адвентистом в современном мире (а не в понимании того, что имелось в виду в девятнадцатом веке).

Гай утверждает, что мы – подлинные адвентисты, если мы христиане, которые наполнены «всеобъемлющей и всесторонней Божьей любовью как центр своего существования». Для того чтобы быть достойными носить имя «адвентисты седьмого дня», мы должны ценить «современную важность субботы» и иметь «обнадеживающее предвкушение возвращения Бога в личности Мессии Иисуса». Два других важных элемента, которые цитирует Гай, это «идея о многомерной целостности человека» и «избрание адвентистского сообщества в качестве своего духовного дома, с принятием адвентистского прошлого как части своей духовной идентичности».

Многие «верующие на грани» будут довольны, читая описание подлинного адвентиста, предложенное Гаем. Я, например, предложил бы рассматривать тех, кто вписываются в определение Гая, как «истинных» адвентистов, несмотря на множество сомнений, которые у них могут сейчас быть. Я хотел бы бросить вызов себе и всем тем, кто прочитал эту главу: *давайте осмелимся быть и оставаться частью адвентистского сообщества веры, продолжая мыслить самостоятельно и не ставя под угрозу нашу личную целостность.*

---

1 Эта глава содержит материал, который прежде был опубликован в моём еженедельном блоге (www.reinderbruinsma.com) 31 июля, 6 и 13 августа 2015 года, а также в главе, которую я написал для сборника статей под редакцией Джона Дибдала: 'Are all truths Truth? Some Thoughts on the Classification of Beliefs,' in: Rudi Maier, ed., Encountering God in Life and Mission—A Festschrift

Honoring Jon Dybdahl (Berrien Springs, MI: Department of World Mission, Andrews University, 2010), pp. 173-188.
2. Albert Mohler, 'A Call for Theological Triage and Christian Maturity,' http://www.albertmohler.com/commentary_read.php?cdate=2004-05-20.
3. Смотрите Rolf J. Pöhler, *Continuity and Change in Christian Doctrine* (Frankfurt am Main: Peter Lang (Germany), 1999).
4. Fritz Guy, *Thinking Theologically: Adventist Christianity and the Interpretation of Faith* (Berrien Springs, MI: Andrews University Press, 1999), p. 87.
5. Среди первых авторов, которые проделали большой путь, чтобы предоставить исторические данные для «обновления» доктринальных идей адвентистов, были Джон Эндрюс и Урия Смит со своими хорошо проработанными книгами о субботе (Эндрюс) и об условном бессмертии (Смит). Позже Лерой Фрум составил свое выдающееся 4-х томное произведение «Пророческая вера наших отцов», где попытался продемонстрировать, каким образом «новое» пророческое понимание адвентизма являлось «открытием заново» тех толкований, которые уже были сделаны многими богословами и лидерами христианской церкви в прошлые столетия. Он утверждал, что это относится к повторному открытию адвентистами целого ряда основополагающих христианских доктрин, таких, как Троица, полная божественность и вечность Христа, - он называл их «вечной правдой». Публикация довольно спорной книги «Адвентисты седьмого дня отвечают на вопросы о доктринах» в 1953 году предложила дальнейшие доказательства необходимости разъяснить некоторые адвентистские убеждения и продемонстрировать, как эти убеждения, по сути, соответствуют ортодоксальной христианской догматике. Тем не менее даже сегодня многие считают, что эта книга сделала гораздо большее, ее публикация означала существенную догматическую переориентацию.
6. George R. Knight, *A Search for Identity: The Development of Seventh-day Adventist Beliefs* (Hagerstown, MD: Review and Herald, 2000), p. 12.
7. Елена Уайт, Советы авторам и редакторам (Nashville, TN: Southern Publishing Association, 1946), с. 36, 37.
8. Елена Уайт, Ревью энд Геральд, 20 декабря 1892.
9. Gary Land, *Adventism in America* (Grand Rapids, MI: Wm. B. Eerdmans, 1986), p. 231.
10. Смотрите книгу Reinder Bruinsma, 'Are all truths Truth? Some Thoughts on the Classification of Beliefs,' с. 180, где публикуются цитаты из многочисленных книг Елены Уайт: Selected Messages, vol. 2, с. 104-107; Counsels to Writers and Editors, 1946, с. 29-31, The Great Controversy, 1911, с. 409; Также смотрите Ellen G. White, Manuscript 24, November or December 1888, цитируется по: George R.

Knight, *From 1888 to Apostasy: The Case of A.T. Jones* (Hagerstown, MD: Review and Herald, 1987), с. 40.
11 Eric Claude Webster, *Crosscurrents in Adventist Theology* (Berrien Springs, MI: Andrews University Press, 1984), p. 150.
12 Смотрите Церковное руководство, 2015, с. 45, 46.
13 Этот неологизм был вдохновлен термином библиолатрия, который относится к поклонению Писаниям.
14 Bryan W. Ball, 'Towards an Authentic Adventist Identity,' in: B. Schantz and R. Bruinsma, eds., *Exploring the Frontiers of Faith—Festschrift for Jan Paulsen* (Lüneburg, Germany: Saatkorn Verlag, 2009), p. 67.
15 George R. Knight, 'Twenty-seven Fundamentals in Search of a Theology,' *Ministry*, February 2001), pp. 5-7.
16 George R. Knight, ed., *Seventh-day Adventists Answer Questions on Doctrine*, annotated edition, pp. 21-24.
17 Смотрите высказывание Robert C. Greer в его широко разошедшейся книге Mapping Postmodernism: A Survey of Christian Options (Downers Grove. IL: InterVarsity Press, 2003), с. 172ff.
18 Woodrow II Whidden, *Ellen White on the Humanity of Christ* (Hagerstown, MD: Review and Herald, 1997), pp. 77-88.
19 Там же, с. 80.
20 George R. Knight, 'Twenty-seven Fundamentals in Search of a Theology,' pp. 5-7.
21 Bryan W. Ball, op. cit., p. 58.
22 Robert C. Greer, op. cit., p. 174.
23 Alden Thompson, *Beyond Common Ground: Why Liberals and Conservatives Need Each Other* (Nampa, ID: Pacific Press, 2009), p. 121.
24 'Fritz Guy, *op. cit.,* p. 27.
25 Там же., с. 29.
26 James Davison Hunter, 'Fundamentalism and Relativism Together': Reflections on Genealogy,' pp. 17-34, in: Peter L. Berger, ed. *Between Relativism and Fundamentalism: Religious Resources for a Middle Position* (Grand Rapids, MI: Wm. B. Eerdmans, 2010), p. 34.
27 Там же., с. 32.
28 Там же., с. 33.
29 Fritz Guy, op. cit., p. 92.

ГЛАВА 9

Что делать с нашими сомнениями

В этой последней главе я попытаюсь собрать все сказанное выше воедино. Мы начали обсуждение в первых главах с обзора состояния христианской церкви в западном мире. Мы пришли к заключению, что церковь находится в кризисе, а также увидели, что миллионы мужчин и женщин на Западе переживают кризис личной веры. Многие даже сомневаются в существовании всемогущего и любящего Бога. Для большой группы людей сомнения влияют на ряд других вещей, в которые они когда-то верили. Они осознают, что некоторые важные традиционные учения их церкви больше не находят отклика в их душе. Затем мы сфокусировали наше внимание на конкретной церкви – адвентистах седьмого дня. Мы отметили, что большое число людей покинули церковь и что многие другие находятся около выхода. Они наблюдают за событиями, происходящими в их церкви, с которыми они не могут согласиться, и задаются вопросом, имеют ли некоторые традиционные доктрины церкви хоть какое-то отношение к их повседневной жизни. Я назвал эту большую группу людей, которые недовольны свей церковью и которые испытывают множество сомнений в отношении сути своей веры, «верующими на грани».

В последующих главах я попытался поощрить тех из вас, кто находится «на грани», предпринять (новый) «шаг» веры. Я поделился своей убежденностью в том, что хотя у нас нет абсолютных доказательств того, что Бог существует и заботится о нас, но у нас есть достаточно оснований для того, чтобы «сделать ставку» на этот «шаг веры». Я пытался призвать вас не отказываться о церкви, но сосредоточиться на поместной общине, где вы можете быть самими собой и оставаться ее частью или же вернуться туда, если вы уже ушли. В предыдущей главе я начал предлагать вам способы борьбы с доктринальными сомнениями. Я утверждал, что быть «настоящим» адвентистом не означает рабски говорить «да и аминь» всем *Основаниям вероучения* нашей церкви. Я знаю, что эта точка зрения будет подвергнута жесткой критике как со стороны многих лидеров церкви, так и большим количеством рядовых членов церкви. Но я убежден, что это создаст простор в сердцах и умах многих «верующих на грани», которые сейчас чувствуют, что они задыхаются от жесткости некоторых традиционных доктрин, которые больше не связаны хоть каким-то существенным образом с их повседневной жизнью.

В этой последней главе мы попробуем подвести некоторые итоги. Мы уже не будем детально рассматривать отдельные доктрины, но рассмотрим более широкий подход, который может стать полезным для того, чтобы разрешить наши сомнения и неопределенности. Я не настолько наивен, чтобы пообещать вам, что все сомнения и неопределенности вдруг рассеются, если мы начнем более усердно читать Библию или молиться более интенсивно, чем делали это раньше. Конечно, нельзя сказать, что два этих аспекта не существенны. Они, по сути, имеют первостепенное значение, когда мы пытаемся конструктивно разрешить наши сомнения.

ДУХОВНЫЙ ПОДХОД

Если мы сомневаемся в том, какого цвета машину мы будем покупать или какой стратегии мы будем придерживаться в управлении нашем бизнесом, в это могут быть вовлечены некоторые нерациональные и даже эмоциональные факторы. Насколько большой автомобиль я могу себе позволить? Какой цвет нравится мне, или какой понравится моему супругу, и будет ли он лучшим с точки зрения безопасности? Смогу ли я выплатить крупный кредит, который я возьму в банке для того, чтобы расширить свой бизнес, или же это будет слишком рискованным делом в нынешних экономических условиях и во время той жесткой конкуренции, с которой я сталкиваюсь?

Рассматривая наши сомнения в духовной сфере, мы не можем привести наш мозг в нейтральное положение и просто следовать за эмоциями и чувствами. Но наша интуиция, эмоции и чувства будут играть при этом главную роль. Мы можем только надеяться, что у нас получится справиться с нашими сомнениями, если мы позволим Духу коснуться нас. Наш подход к разрешению сомнений лучше всего суммировать, кратко перечислив пять аспектов: (1) чтение; (2) размышление; (3) молитва; (4) общение с другими и (5) терпение.

Когда мы решаем идти по этому пути, нам нужно начать с того, что мы называем «шаг веры». Это может показаться наивным, но это единственный вариант. Нам нужно быть готовыми к тому, чтобы позволить вовлечь себя в сферу веры. Мы должны «попытаться верить», как сказал Натан Браун в небольшой книжке с одноименным названием (на которую я ссылался во второй главе). Если у меня серьезные проблемы с состоянием здоровья и я уже долго и напрасно ищу действующее средство лечения, я могу попробовать сделать «шаг веры» и подумать о посещении доктора, практикующего альтернативную медицину и принять препараты, которые он выпишет мне, даже если я вовсе не уверен, поможет ли это мне. Такого рода сравнение, конечно же, несоразмерно с нашим случаем, но я убежден, что оно кое-что нам покажет. Если мы находимся в затруднительном положении, то стоит попробовать все, что в наших силах. Поэтому стоит пробовать читать Библию, молиться и ходить в церковь – даже если вы вовсе не уверены, что это принесет вам какие-либо ответы или внутренний покой и уверенность, которую вы ищете.

ЧТЕНИЕ БИБЛИИ

Адвентисты любят говорить о себе, что они *изучают* Библию (и даже хвастаются этим). Новые члены церкви обычно проходят через Библейские «уроки», чтобы познакомиться с «истиной». У нас есть еженедельные занятия по изучению Библии, которые называются Субботней Школой. Ранний адвентизм позаимствовал модель Субботней Школы у других конфессий и адаптировал ее к своим потребностям, когда это потребовалось. Организация Субботней Школы, безусловно, помогла в укреплении библейской грамотности среди членов церкви. Но все больше и больше адвентистов начинают осознавать, что этот вид «изучения» Библии часто оставляет желать лучшего. Большинство квартальных «пособий по изучению» носят тематический характер. Избирается особенная тема, и затем ее разбивают на тринадцать подтем. Автор пособия выбирает ряд библейских текстов, которые, как ему кажется, что-то говорят об этих темах, вставляет цитаты (обычно из Елены Уайт) и некоторые дополнительные пояснительные комментарии. Очень часто библейские тексты соединяют без того, чтобы учитывать их контекст. Еженедельные пособия по изучению Субботней Школы демонстрируют, что традиционный метод использования Библии для доказательств все еще жив. И даже тогда, когда в течение квартала изучается определенная библейская книга, как правило, почти не уделяется внимания ее фону, контексту и особенностям ее богословия.

Я пришел к выводу, что нам, возможно, стоит перестать *изучать* Библию и начать ее *читать* – как повествование, которому мы хотим следовать от начала до конца. Когда мы читаем роман и наслаждаемся его сюжетом, мы не выбираем по параграфу оттуда и отсюда и не складываем эти части и обрывки в случайном порядке. Если мы читаем хорошую книжку, мы захотим проследить за всем сюжетом и узнать, чем он закончится. В некотором смысле это относится и к Библии. Это Божье повествование о взаимоотношениях между Ним и нашим миром. Мы хорошо сделаем, если прочитаем его от начала до конца. Скорее всего, мы можем пропустить несколько страниц (например, длинные родословия) тут или там (как мы иногда делаем с обычными книжками), но нам нужно следовать сюжетной линии. И то же самое верно для отдельных разделов Библии, которые мы обычно называем «Библейскими книгами». Мы извлечем настоящую пользу из нашего чтения только лишь если мы прочитаем эти разделы в их полном объеме. И некоторые из них настолько короткие, что мы легко сможем прочитать их за один присест.

Когда мы используем этот метод, мы сможем обнаружить, что некоторые хорошо известные тексты на самом деле не говорят то, что мы всегда о них думали. При чтении отрывка в изоляции от его фона мы можем прийти к заключениям, которые не будут верны, если мы прочитаем то, что предшествует отрывку и следует за ним. Даже если мы не поймем некоторые мысли, с которыми столкнемся, мы все равно получим пользу от нашего чтения, уловив основную весть Библии или весть ее части. Консультации с книгами о Библии, например, с хорошими комментариями, безусловно, полезны, но они не могут занять место чтения самой Библии. К сожалению, многие христиане читали больше *о* Библии, чем *саму* Библию.

ПОДСЧЕТ КАРТОФЕЛИН

Библия содержит множество необычных историй, но нам не стоит слишком уж беспокоиться об их «странности». Может быть, нам и стоит ожидать этого от историй, которые должны передаваться «свежо и правдиво от предыдущего поколения следующему[1]». Когда мы читаем их, мы «складываем некоторое впечатление о большом повествовании, стоящем за этим множеством маленьких историй[2]». Натан Браун, из чьей книги мы только что приводили цитату, призывает «верующих на грани» не слишком сильно фокусироваться на историчности библейских историй – извечном вопросе, происходили ли библейские события точно так, как они были записаны и переданы нам, или нет. Он предлагает, чтобы мы на время «приостановили свое неверие» и занялись библейскими историями так, как будто бы мы смотрим хороший фильм или читаем роман. «Решите для себя не отвлекаться на аргументы, правдива ли эта история, может ли это повествование быть проверено, могут ли современные научные выводы подтвердить эту историю. Вместо этого начните читать их, чтобы открыть для себя добро, красоту, мудрость и истину, о которых они повествуют просто в качестве рассказов[3]».

Адвентистам седьмого дня говорили, как важно «изучать» книгу Откровение. Для большинства это обычно означает читать книгу по частям, текст за текстом, или параграф за параграфом, и сверяться с одним или несколькими адвентистскими комментариями, которые были написаны для того, чтобы помочь нам понять необычные символы, а также для того, чтобы применить содержание пророчеств Иоанна к историческим событиям прошлого, настоящего и будущего.

Я стал все больше убеждаться в том, что это не самый плодотворный подход – особенно тогда, когда человек интересуется книгой Откровение в первый раз.

Время от времени я провожу презентации о книге Откровения и в нынешнее время я начинаю их с показа репродукции картины Винсента Ван Гога (1853-1890) – известного голландского художника импрессиониста. Я прошу мою аудиторию внимательно всмотреться в его картину «Едоки картофеля». В темной мрачной комнате пять человек сидят вокруг стола, на потолке качается керосиновая лампа. Они едят картофель из единственного блюда. После того как мои слушатели смотрят на картину в течение минуты или двух, я задаю им несколько вопросов о деталях картины. Например, я спрашиваю их о том, сколько чашек кофе они насчитали и сколько картофелин они увидели в миске на столе. Я никогда не получал правильного ответа. Это совсем не то, на чем сосредоточены люди. «Так что же вы увидели?» - спрашиваю я их. Обычно они говорят, что увидели печаль, унылость и, конечно же, бедность! Это и есть основная идея картины, а не представление нам информации о количестве картофелин или числе кофейных чашек.

Едоки картофеля", Винсент Ван Гог (1853-1890)

В этот момент я призываю своих слушателей прочитать книгу Откровения, желательно несколько раз, от начала до конца. Я уговариваю их не «считать картофелины», а смотреть на общую картину. На более позднем этапе они могут оказаться настолько заинтересованными в этой теме, что они захотят посчитать и число картофелин, и количество кофейных чашек на столе. Когда они прочитывают все двадцать две главы Откровения без беспокойства о «печатях», «трубах», «звере, выходящем из моря», «звере, выходящем из земли» и прочем, а просто пытаются впитать общую идею повествования и ее значение, то обычно они бывают поражены тем, что узнали. Они видят в этой необычной части Библии что, по-видимому, существует измерение, которое можно описать как «потустороннее», находящееся за пределами нашего мира и за событиями, происходящими на нашей планете. Происходит гораздо больше вещей, чем замечает наш глаз. Люди, которые сделали выбор оставаться на стороне Бога в Его битве со злом, проходят сквозь нелегкие времена, но каким-то образом они всегда побеждают. Божьи враги проигрывают! Искупленные люди должны проявлять терпение, но в конце концов те, что останутся верными Богу, окажутся в безопасности, то есть, они будут спасены. Книга Откровение начинается с видения, в котором Христос ходит посреди церквей, держа лидеров этих церквей в своих руках (1:12-20). И заканчивается книга новым миром мира и гармонии, в котором Бог живет среди своего народа. Это весть, которая бросается нам в глаза, когда мы просто прочитываем целую книгу и позволяем ей обращаться к нам. Когда мы поступаем так, нам открывается, что через человеческие слова авторов Библии к нам приходит Слово Божье.

Когда мы читаем Библию для того, чтобы насытить свою душу – а не для того, чтобы в первую очередь собрать информацию – мы обнаруживаем, что многие трудности, которые заставляют нас сомневаться в Библии, по большей части исчезают или становятся менее угрожающими. Возьмите в качестве примера книгу Ионы. Прочитайте четыре ее главы – это не займет у вас больше получаса. Не «считайте картофелины». Просто забудьте (по крайней мере, на этот момент) о том, что Иона три дня находился в животе большой рыбы, и что куст, дававший ему тень, появился и затем чудесным образом исчез. И не беспокойтесь о некоторых деталях истории с обращением

Ниневитян, которые включали даже домашних животных! Просто прочитайте историю и попытайтесь открыть, что эти несколько глав скажут вам. Если мы сделаем так, то увидим, как Иона безуспешно пытается убежать от Бога. Это история о предназначении, а не о том, что рыба проглотила человека. Мы узнаем, как Бог призвал этого пророка для конкретного задания, и не отказывается от Ионы, даже когда тот не желает проповедовать заклятым врагам Израиля. И отметьте как позже в этой истории Иона переживает больше о своей собственной репутации, чем о спасении народа Ниневии. Это история, которая имеет прямое отношение к нашей личной жизни и к нашим отношениям с Богом.

Я могу привести и другие примеры частей Библии, которые кажутся, по меньшей мере, странными, но в них есть ясная весть, если только мы будем читать их полностью и с желанием найти что-то, что бы напитало нашу душу. При прочтении мы должны быть в курсе того, что мы подходим в целом к Библии, или к ее отдельным книгам с целым набором предпосылок. Мы читаем Библию через собственные очки. Я не могу читать Библию с чистой объективностью, как бы я не старался это делать. Дом, в котором я вырос, мое образование, моя культура и моя личная история «раскрашивают» то, как я читаю. Люди на Западе не читают Писание так же, как Библию читают в странах развивающегося мира. Городские жители смотрят через очки, которые отличаются от живущих в сельскохозяйственных условиях. Богатые и бедные люди не одинаково смотрят на Слово. Многие богатые люди, как правило, проявляют особый интерес к текстам, которые говорят им, что вполне нормально быть богатыми. Бедные люди зачастую сосредотачиваются на текстах, требующих восстановить честность и справедливость. Читатели Библии в западном мире обнаруживают в Писаниях много вещей, которые поддерживают их образ жизни, в то время как люди, живущие при деспотичном режиме, поражаются, читая истории освобождения и обретения независимости.

Я слышал, как адвентисты говорят: «Я не понимаю, почему люди продолжают думать о воскресении как о дне покоя, ведь в Библии так ясно говорится, что нам нужно хранить седьмой день – субботу». Поймите, *это ясно нам*, потому что для нас субботние тексты выделяются, из-за того, что мы читаем Библию через наши адвентистские очки! Другие люди не надевают такие же адвентистские очки и поэтому с трудом замечают тексты о субботе, они ведь просто предполагают, что день, в который воскрес Иисус, заменил собой ветхозаветную субботу. К сожалению, именно так большинство из нас и читают Библию. Как адвентисты мы незамедлительно подчеркиваем наши доктринальные точки зрения и автоматически игнорируем или преуменьшаем значение текстов, которые кажутся не соответствующими этим нашим убеждениям. Адвентистам не нужно чувствовать слишком большую вину за это действие, потому что это распространенное явление: люди отфильтровывают то, что они прочитывают, через призму своих предвзятых взглядов.

Поэтому первым шагом при нашем чтении Библии должно стать осознание того факта, что мы читаем ее через наши личные очки. Другие делают то же самое. Некоторое время назад мне порекомендовали почитать небольшую книгу, которую я нашел чрезвычайно интересно разъясняющей этот вопрос. Она называется *Прочтение Библии маргиналами*, и ее написал Мигель Де ла Торре, кубино-американский богослов[4]. Де ла Торре демонстрирует, что «обычное» прочтение Библии не всегда применимо для людей или групп, находящихся «на грани». «Бедные люди и те, кто испытывают на себе дискриминацию из-за своей этнической группы или пола могут иметь совершенно другое понимание библейских текстов, которые могут оказаться ценными для всех верующих»[5]. Когда я писал эти предложения, мне открылось, что «верующие на грани» тоже читают Библию сквозь собственные очки. Несмотря ни на что, Дух Святой, который вдохновил Библию, может коснуться их при прочтении и дать то понимание, которого избегают их братья и сестры

РАЗМЫШЛЕНИЕ

Жизненно важным элементом борьбы с сомнениями является ясное мышление. Один из важных принципов, который необходим для толкования Библии – это использование здравого смысла. Когда мы читаем Библию после того, как предприняли «шаг веры», нам не нужно уклоняться от тяжелого интеллектуального труда, связанного с мышлением. Во всем этом мы должны применять наш здравый смысл. Вера – это не шаг в темноту, противоположную разуму и всем свидетельствам. Святой Ансельм сказал, что «вера ищет понимания». Оз Гиннесс сформулировал ту же мысль в словах: «Христианин – это личность, которая думает, но считает, что она не думает»[6]. Очень важно не отделять веру от мышления.

Фриц Гай говорит, что нам необходимо «трехполюсное мышление». Под этим он подразумевает, что есть три аспекта, которые нужно принять во внимание, когда мы пытаемся понять, что нам говорит Библия. Эти три принципа, которые должны направлять нас и которые сохранят в нас здравый баланс, следующие: (1) Евангелие Христа; (2) культурный контекст и (3) адвентистское наследие[7]. Благая весть об Иисусе Христе должна всегда оставаться в центре нашего внимания. Что бы мы ни прочли в Библии, это должно быть «переварено» в свете Евангелия Христа. Не все то, что мы читаем в Библейских рассказах, отражает ценности христианского Евангелия, например, в историях из Писания мы сталкиваемся с насилием, рабством, неравенством полов и социальной несправедливостью. Эти части Библии кое-что рассказывают нам о духовном пути Божьего народа в прошлом, но они не всегда адекватно отражают характер Бога и часто расходятся с той жизнью, которую нам продемонстрировал Христос. Таким образом, эти части Библии не должны определять наш образ мышления, нашу веру и нашу жизнь.

Здесь мы встречаемся со вторым полюсом. Библия была написана в определенном культурном окружении. Ее авторы были частью древней культуры. Большая часть Библии отражает патриархальное сообщество с культурными нормами и обычаями, которые больше не являются нормой для нас. Поэтому, когда мы читаем Библию, мы должны быть постоянно в курсе этого влияния культуры и пытаться отделить суть Библейской вести и те принципы, что она содержит, от культурной упаковки. Это нелегко для многих адвентистов, в особенности для тех, кто выступает за «прямое» прочтение Библии, и тех, кто отвечает на любой аргумент упрощенным выражением: «так говорит Библия».

Третий полюс в нашем подходе к чтению Библии – это наше адвентистское наследие. Как я сказал ранее, мы читаем Библию через адвентистские очки. Само по себе это не является чем-то негативным. Адвентисты прошлого оставили нам богатое наследие, которое нам нужно ценить с благодарностью. Мы никогда не начинаем дело с *табула раса* (чистого листа), но всегда стоим на плечах наших предшественников. Я осознаю, что большая часть моего богословского мышления была сформирована под влиянием многочисленных адвентистских ученых, которых я глубоко уважаю. Но наше адвентистское наследие – это всего лишь один из трех полюсов, и он не должен управлять двумя другими. Нам не стоит отрицать или унижать наше адвентистское наследие, но мы всегда должны быть в курсе, что оно влияет на наше мышление, и мы должны осознавать, что наследие может не только прояснять нам идеи, но временами оно может вызывать искажения, которые нужно выявлять и исправлять.

ЕЛЕНА УАЙТ

Одним из вопросов, который требует внимательного обдумывания, является наше отношение к Елене Уайт. Лишь совершенно далекий от сути вопроса человек может сказать, что она больше не имеет никакого значения для церкви адвентистов седьмого дня. С другой стороны, я понимаю, какие проблемы у адвентистских «верующих на грани» вызывает то, что Уайт часто ставят на пьедестал; как ее книги используются в качестве решающего слова, которое может решить все проблемы. Наступило время для того, чтобы личность Елены Уайт и её деятельность были еще более демифологизированы.

Когда Елена Уайт умерла в 1915 году, у нее не было столь великого статуса, каким она обладает во многих церковных кругах сегодня. На самом деле, в течение ряда лет лидеры церкви сопротивлялись планам Уильяма Уайта, старшего сына Елены, публиковать какие-нибудь материалы из тех, что она оставила после себя в виде неопубликованных рукописей[8]. Позднее, в 1920-е и 1930-е годы, прилив начал отступать. Все большую поддержку в церкви стали получать фундаменталистские взгляды на инспирацию, и это повлияло на тот способ, каким теперь стали рассматриваться произведения Елены Уайт. Эти изменения в отношении богодухновенности привели, среди прочих вещей, к публикации широкого спектра «компиляций», то есть, сборников ее цитат об определенной теме, собранных изо всех ее произведений (часто без какой – либо оглядки на контекст)[9].

Чем больше книг Елены Уайт публиковалось, переводилось на многие иностранные языки и активно пропагандировалось, тем более заметной становилась ее роль «пророка». Даже в тех частях Европы, где уж давно жило ощутимое нежелание принять эту тенденцию – в частности, из-за такого лидера церкви, как Людвиг Конради, - ситуация изменилась. В моей стране, Голландии, пасторы традиционно получали образование в Германии, но после Второй мировой войны они стали учиться в Ньюболд колледже в Англии, где Елене Уайт приписывалась более важная роль.

Такое развитие вопроса в церкви не могло остаться без ответа. В 1976 году историк Рональд Намберс бросил камень в адвентистский пруд, и возникшие волны прокатились по всему миру. Его книга продолжает оказывать свое влияние, несмотря на напряженные усилия руководства церкви контролировать нанесенные ей повреждения. Намберс поместил взгляды Елены Уайт о здоровье в контекст девятнадцатого столетия и предоставил убедительные доказательства того, что большая часть ее советов о здоровом образе жизни и простых природных средствах не были уникальными, как заявлялось прежде. На самом деле, многое из того, что она написала и проповедовала, было явно вдохновлено другими «реформаторами здоровья» ее времени[10]. Новым шоком, который был не просто камнем, брошенным в адвентистский пруд, но который можно сравнить с «цунами» в море адвентизма, стала книга бывшего адвентистского пастора Уолтера Ри. Он предоставил неоспоримые доказательства того, что Елена Уайт в значительной степени заимствовала произведения других авторов, часто копируя длинные отрывки, не упоминая авторов заимствованных материалов[11]. За этим обвинением в плагиате последовали другие «открытия». Дональд МакАдамс, например, сосредоточил свое исследование на детальном изучении исторических ошибок в некоторых книгах Елены Уайт, в частности, в книге *Великая Борьба*[12].

Центр наследия Елены Уайт – организация, которая несет ответственность за хранение литературного наследия Елены Уайт – сделала все, что могла, чтобы извлечь жало этих разрушающих откровений. Центр также предложил некоторые ответы (на мой взгляд, не всегда достаточно успешные) на различные вопросы, возникающие при прочтении некоторых очень необычных заявлений, сделанных Еленой Уайт. В то же самое время некоторые авторы желали поддержать ее авторитет и значимость, сделав больший акцент на человеческую природу пророка, что редко делалось прежде[13]. Я считаю очень полезными две последние книги, представляющие более реалистичную картину Елены Уайт. Гиберт Валентин исследовал динамику отношений Елены Уайт с тремя президентами Генеральной Конференции. В книге ясно показано, какие жесткие мнения Елена Уайт высказывала об их пригодности к должности президента и как она временами занималась политикой и даже манипуляциями в отношениях с ними[14]. Другая книга содержит очерки адвентистских и не адвентистских авторов, она написана на более академическом уровне и открывает много граней личности и работы Елены Уайт. Книга содержит малоизвестную информацию о ней и даже абсолютно неизвестные до этого момента факты[15]. Ответ на эту и другие последние книги, который был скоординирован Центром наследия Уайт, демонстрирует, что по-видимому церковь считает, что исследования ученых, которые поднимают на поверхность различные проблемные вопросы, не должны остаться без ответа[16]. Это часть целого процесса, который, без сомнения, продолжится в будущем.

Адвентистским «верующим на грани» не мешало бы прочитать некоторые из книг, которые я упомянул или на которые сослался в сносках внизу страниц. Они помогут получить более сбалансированный взгляд на Елену Уайт и более полно принять, что она жила и писала в американском мире девятнадцатого века. Многие из принципов, которые она подчеркивала, еще ценны для нас сегодня. Но при прочтении ее книг мы не должны забывать, что она писала в викторианскую эпоху и была ограничена научными знаниями того времени. Более того, она не получила образования в сфере истории или богословия. Ее исторические ссылки не всегда выдерживают критику, и использование ей Библии в основном является доказательным подходом. Язык, который она использовала, для многих из нас покажется слишком нескладным, и нам вряд ли нужно ожидать, что, в частности, молодые люди толпами будут стекаться к ее книгам. Все это не значит, что ее книги больше не полезны ни для какого использования адвентистами, но мы не должны искать в ее книгах большего, чем мы можем разумно ожидать. Адвентистам будет неплохо дорожить ее полными книгами (а не так называемыми компиляциями) как благочестивым чтением для обогащения своей духовной жизни.

В библейские времена многие пророки говорили от имени Божьего. Некоторые из них всего лишь упоминаются в Библии мимоходом, и даже такие «великие» пророки, как Илия и Елисей, не оставили нам своих книг. С другой стороны, пророки, которые являются авторами библейских книг, могли написать больше книг, чем было включено в канон. С течением времени был сделан выбор и был создан библейский канон. На мой взгляд, это может дать нам направление в отношении к произведениям Елены Уайт. Время сделает свою работу и постепенно своего рода согласие сможет утвердить, что стоит рассматривать в качестве главных книг, написанных ей. Мне кажется, что такие книги, как *Путь ко Христу, Желание Веков* и *Наглядные уроки Христа* будут теми книгами, которые окажутся в начале списка или же близко к его вершине. «Верующие на грани», которые желают получить хороший вкус того, что она написала, могут начать с этих или подобных им книг.

МОЛИТВА

Я надеюсь, что мои замечания о чтении Библии, о роли нашего вдумчивого размышления и мои комментарии о месте Елены Уайт в адвентизме были вам полезными. Однако важно быть уверенными в том, что все эти вещи не оставят нашу веру на чисто рассудочном уровне. В нашем «шаге веры» присутствует ожидание того, что Бог желает общаться с нами. Христиане говорят, что Он делает это через Свой Дух. Опять же, мы отставим в сторону сложные вопросы, касающиеся Личности и работы Святого Духа. В связи с тем что мы обсуждаем в этой главе, я хочу подчеркнуть, что мы можем получить полную духовную пользу от чтения Библии и от размышления над тем, что мы прочитали, если мы позволим Богу каким-то образом объяснять нам, на чем именно нам надо сфокусироваться и как все это относится к моей жизни здесь и сейчас. Молитвой называется термин, обозначающий действие, когда мы открываемся для этого божественного влияния.

Для многих верующих – и не только для тех, кто «на грани» - молитва является нелегким делом. Когда мы пытаемся молиться, многие из наших молитв могут выглядеть как пустые лозунги, и произносятся они скорее по привычке, а не из-за убеждений. Часто бывает не так легко найти нужные слова, чтобы выразить наши глубочайшие чувства и мотивы. Даже ученики Иисуса задавались вопросом, как им следует молиться, и попросили: «Научи нас молиться» (Лука 11:1). В ответе на их просьбу Иисус дал им так называемую молитву «Отче наш» (Отче наш, сущий на небесах...). В дополнение к нашему «шагу веры» нам, возможно, придется сделать «шаг доверия» и ожидать, что Бог услышат нас, когда мы обращаемся к Нему за руководством[17].

Если у вас нет привычки молиться или вы не знаете, как молиться, повторение молитвы «Отче наш» будет неплохим началом. Или, когда вы прочитаете отрывок Библии, прервите свое размышление о возможном значении этих текстов для вас и просто скажите: «Бог, помоги мне открыть то, что мне нужно увидеть и помоги найти ответы на мои вопросы». Затем просто побудьте в тишине некоторое время. Другими словами, дайте Богу возможность пообщаться с вами и направить вас к вещам, который будут вам важны и которые помогут ответить на некоторые из ваших вопросов.

Так что *разговаривайте с Богом* о ваших сомнениях и просите, чтобы Он руководил вами, когда вы ищете ответы. Кроме того, *говорите с другими людьми*. Очень важно быть избирательными в том, с кем вы говорите о своих сомнениях и неуверенности. Некоторые люди в вашей поместной церкви или где угодно лишь только смутятся, узнав, что вы боретесь с сомнениями, и это не поможет ни вам, ни им. Но если вы внимательно присмотритесь, то всегда найдете людей, которые переживают опыт, подобный вашему, и которые будут благодарны, если вы поделитесь с ними своими мыслями и вопросами. Во многих случаях это поможет и им, и вам самим разговаривать друг с другом. Можно найти друга, пастора или пресвитера, который сможет стать вашим гидом – тем, кто приведет вас к новым идеям или укажет вам на библейские отрывки, вдохновляющие таких «верующих на грани», как вы. Или же он предложит книгу, которая сможет стимулировать ваше мышление. И вы сами можете найти кого-то, кто уже долго идет по похожему пути, но находится уже немного впереди вас и знает правильное направление, по которому нужно пойти, столкнувшись со сложными перекрестками – развязками[18]. Такой человек в результате общения с ним поможет вам перезагрузить ваш духовный GPS – навигатор.

«ВОПРОСЫ О ДОКТРИНАХ»

Раньше или позже адвентисты – «верующие на грани» должны будут разобраться со своими сомнениями в отношении конкретных церковных доктрин. В дополнение к тому, что я уже сказал в предыдущей главе о том, что нужно разложить доктрины по степени их относительной важности и в ответ на вопрос, сколько доктрин должен, как минимум, принимать «настоящий адвентист», я хочу еще раз подчеркнуть здесь один важный момент. Мы не должны бояться задавать критические вопросы в отношении того, каким образом адвентистская традиция определила и сформулировала некоторые из наших вероучений. Рой Адамс, бывший редактор *Адвентист Ревью,* который пытался открыть дискуссию о деталях традиционной доктрины о святилище, столкнулся с людьми, которые думают, что «тот взгляд, который мы сегодня имеем по каждой доктрине и богословскому вопросу, должен быть законсервирован в формальдегиде – и никогда более не должен пересматриваться, меняться или уточняться»[19]. Тот же автор цитирует следующее интригующее заявление в начале своей докторской диссертации об адвентистском понимании доктрины о небесном святилище: «великие философские и богословские проблемы редко решаются для удовлетворения последующих поколений»[20]. Я полностью разделяю это убеждение. Это дает мне возможность свободно дышать и испытывать чувство свободы, чтобы рассматривать доктрины моей церкви открыто и критически.

Я ни на минуту не предполагаю, что разобраться с сомнениями тем путем, который я описал, будет легко. Я знаю, что не существует быстрых ремонтов. Но некоторые вещи, о которых мы говорили, могут помочь вам найти внутренний мир, который вам потребуется во время встречи лицом к лицу с сомнениями и во время поиска ответов. Один из важных ингредиентов в этом поиске – это время. Мы не должны разбираться с нашими сомнениями в сильной спешке. Часто сомнения растут на протяжении долгих лет, и вполне возможно, что для того чтобы пыль сомнений была убрана, потребуется столько же времени. Я обнаружил, что будет очень полезно сконцентрироваться лишь на одном вопросе, который беспокоит меня на протяжении долгого периода времени, и пока закрыть другие сомнения на крепкий замок в чулане. Когда после достаточного чтения, размышления и молитвы – и часто после многочисленных полезных обсуждений с другими людьми – я нахожу некоторые ответы по этому конкретному вопросу, я позволяю себе извлечь из чулана другую тему. Я обнаружил, что такие действия помогают управлять моими сомнениями. Когда я пытаюсь разобраться со всеми моими вопросами в одно и то же время, это просто изматывает меня. Начинается паника, и во мне остается чувство, что все нужно бросить, и в мире больше нет ничего, в чем бы я был уверен.

Оз Гиннесс сделал несколько полезных замечаний, когда он обсуждал жизнь верующего как путь паломника, столкнувшегося с многоуровневым перекрестком - развязкой, то есть того, кто должен постоянно выбирать, по какой дороге ему пойти в мире, где предлагается так много вариантов[21]. Он предупреждает нас, что найти ответы на наши сомнения – это совсем не значит пройти через простой перекресток, именно поэтому он сравнивает наш поиск с прохождением многоуровневой дорожной развязки.

Гиннесс считает, что в нашем духовном путешествии к тому, чтобы стать сбалансированным верующим – христианином, есть четыре этапа.

Первый этап – это время для вопросов. (Я считаю, что мы потратили достаточно времени на эту фазу в первых пяти главах этой книги). Он означает, что мы должны стать искателями и быть готовыми, в случае необходимости, отойти от наших предыдущих идей и быть открытыми для других точек зрения.

На *втором* этапе мы ищем ответы. Мы рассматриваем возможные альтернативы, чтобы заменить нашу точку зрения или изменить взгляды, которым мы были привержены ранее, но больше в них не уверены.

Третий этап Гиннесс называет фазой доказательств. Мы испытываем наши новые идеи и пытаемся определить, смогут ли они вместиться в рамки наших религиозных убеждений. Для адвентистов это означает определение того, как новые идеи, с которыми нам удобно, впишутся в мировоззрение адвентизма и как нам остаться с ними «настоящими» адвентистами – даже если мы хотим отойти от некоторых (или многих) традиционных адвентистских точек зрения.

Мы постарались внести вклад во второй и третий этапы во второй части нашей книги. Но, говорит Гиннесс, не забывайте о *последнем* этапе, который окажется самым важным. После того как мы прошли через три предыдущие фазы, наступает время для (пере) посвящения; работы над тем, чтобы наши новые идеи имели реальное влияние на нашу повседневную жизнь. Потому что в конце концов только это и имеет смысл.

В 1998 году издательство Пасифик Пресс опубликовало небольшую книгу, которую я написал о (тогда) двадцати семи *Основаниях вероучения*[22]. Она была довольно простой и не содержала какого-то глубокого богословия. Я сделал краткий обзор каждого из *Оснований вероучения* и в каждом случае задавал себе вопрос: «Какая на самом деле разница в том, верю я в это или нет?» Я начал с того, что «истина» должна что-нибудь со мной сделать. Христос сказал Своим слушателям, что истина «сделает их свободными» (Иоанна 8:32). Истина – это не теория, не философская или богословская система, это агент перемен, который должен преображать людей. Поэтому, проходя по двадцати семи пунктам, я спрашивал себя: «Как вера в эту конкретную доктрину может сделать меня лучше, более сбалансированным, более приятным и духовным человеком?» Если она ничего со мной не делает, то в ней нет никакой ценности.

К моему удивлению, ничего из того, что я написал прежде или после этой публикации не принесло столько положительных откликов. Эта небольшая книжка, казалось, гармонировала со взглядами многих читателей. Как и я, они тоже хотели верить в то, что на самом деле влияет на нашу жизнь – что имеет к нам отношение, или, если использовать традиционное адвентистское выражение, что является «истиной для настоящего времени».

МОЕ ПУТЕШЕСТВИЕ

Мне не нужно претендовать на дар пророчества, чтобы сказать, что сегодня я ближе к концу моей жизни, чем к ее началу. После того как люди выходят на пенсию, они, как правило, стараются оглянуться на то, что было в прошлом. В начале моего служения я, вероятно, мог бы считаться фундаменталистом. Но на протяжении моей жизни я всегда задавал вопросы. И я нашел ответы на многие из них. Я изменил свои взгляды на многие вещи и постепенно пережил сдвиг в моем богословии. Некоторые теперь называют меня «либералом», в то время как другие зовут меня «прогрессивным» адвентистом. (Второй ярлык нравится мне больше!) Однако мне не нравится, что меня сажают в какую-то определенную коробку. Может быть, я лучше всего суммирую свой духовный путь, сказав, что я всегда старался быть независимым думающим человеком, но в то же время я постоянно старался быть верен моему Господу, моей Церкви и себе самому.

Если бы мне пришлось кратко описать, где я нахожусь сейчас на моем духовном пути христианина и адвентиста и если бы мне предложили изложить основное содержание того, во что я верю, то моя личная формулировка *Оснований вероучения* выглядела бы примерно так:

Я ВЕРЮ

- Что Бог триедин: как Отец, Сын и Святой Дух.
- Что Бог является Творцом всего, и поэтому я - созданное им существо со всеми привилегиями и обязанностями, которые это влечет за собой.
- Что Иисус Христос пришел на нашу землю и радикально разрешил проблему греха Своей смертью и воскресением – для всего мира и для меня.
- Что Святой Дух направляет мою совесть и дает мне Свои дары, чтобы я мог служить Богу лучше.
- Что Библия – это богодухновенная книга, которая рассказывает историю взаимоотношений Бога с человечеством и дает мне основные руководящие принципы о том, как жить по Божьему замыслу.
- Что, как человек, я подвержен смерти, но когда я умру, моя личность безопасно сохранится Богом и Он даст мне новое вечное существование.
- Что наш сегодняшний мир заражен злом в демонических масштабах, так что решение проблемы зла должно прийти свыше; Христос завершит этот процесс, когда Он вернется на землю и создаст «новое небо и новую землю».
- Что как последователь Христа я смогу правильно жить, если буду осознанно стремиться к тому, чтобы соответствовать принципам, задуманным для меня Им Самим.
- Что каждый седьмой день – субботу у меня есть уникальная возможность чувствовать покой, который предоставляет Бог.
- Что я несу ответственность за то, как я использую ресурсы этой земли, как я трачу мое время, мои материальные средства и мои таланты и как я отношусь к своему телу.
- Что вместе со всеми настоящими христианами я могу быть членом Божьей церкви.

- Что сообщество веры, к которому я принадлежу, играет важную роль во всемирной проповеди Евангелия и ставит перед собой задачу установления ряда важных акцентов.
- Что через мое крещение я могу быть частью Божьей церкви и могу, празднуя Вечерю Господню, регулярно вспоминать о страданиях и смерти Христа.
- Что я могу расти духовно вместе с людьми из общины, частью которой я являюсь.

Конечно, такой список «оснований веры» никогда не может стать окончательным. И следует отметить, что перечисленное мною «фундаментально» для *меня*. Другие должны размышлять о том, что является «основами» для *них*. Они, возможно, используют другие слова, добавят некоторые пункты или удалят некоторые элементы.

В этом суть вопроса: время от времени было бы хорошо выразить то, что действительно является «основой» нашей веры. Это помогает разделить первостепенные и второстепенные вещи и не относиться ко вторичным вещам так, как будто они – самые важные.

Достигнув последнего абзаца моей книги, я могу сказать тем, кто ее читает, что написать эту книгу было полезным делом для моей собственной души. Я искренне надеюсь, что она может стать для тех из вас, кто является «верующими на грани», помощью в разрешении ваших вопросов и сомнений и что она поможет вновь зажечь опыт живой веры. Я надеюсь, что книга поможет вам отойти от «границ» церкви и найти благословения в более полноценном участии в жизни вашего сообщества веры.

Я знаю, что адвентистские общины далеки от совершенства. Но Бог принимает их – и так же должны делать мы

1 Nathan Brown, op. cit., p. 38.
2 Там же, с. 41.
3 Там же.
4 Published by Maryknoll in New York, NY, 2002.
5 Там же, обложка книги.
6 Os Guinness, 'Pilgrim at the Spaghetti Junction: An Evangelical Perspective on Relativism and Fundamentalism,' in: Peter L. Berger, ed., *Between Relativism and Fundamentalism* (Grand Rapids, MI: Wm. B. Eerdmans Publishing Company, 2010), p. 171.
7 Fritz Guy, op. cit., pp. 225-252.
8 История конфликта между Уильямом Вайтом и его семьей и лидерами Генеральной Конференции описана в тщательно проработанной книге Gilbert Valentine: *The Struggle for the Prophetic Heritage* (Muak Lek, Thailand: Institute Press, 2006).
9 Некоторыми из многих компиляций являются: Вести для молодежи, Советы по диете и питанию, Советы по работе Субботней Школы, Советы авторам и редакторам и тп.
10 Ronald L. Numbers, *Prophetess of Health: A Study of Ellen G. White* (New York: Harper & Row, 1976).
11 Уолтер Ри, Белая ложь, The White Lie (Turlock, CA: M & R Publications, 1982).
12 Смотрите: https://archive.org/stream/DonaldR.McadamsShiftingViewsOfInspiration EllenWhiteStudiesInThe/1980_mcadams_shiftingViewsOfInspiration_ellen WhiteStudiesInThe1970s_spectrum_v10_n4_27-41_djvu.txt
13 Как, например, Джордж Найт в своих популярных книгах: Знакомство с Еленой Уайт (Hagerstown: Review and Herald, 2000); и Читая труды Елены Уайт (Hagerstown: Review and Herald, 2001). Также Грем Бредфорд в книге Пророки тоже люди (Warburton, Australia: Signs Publishing House, 2004) и

Служители тоже люди (Look what they did to Ellen White), (Warburton, Australia: Signs Publishing House, 2006).
14. Gilbert M. Valentine, *The Prophet and the Presidents* (Nampa, ID: Pacific Press, 2011).
15. Terry Dopp Aamodt et. al., eds., *Ellen Harmon White: American Prophet* (New York, NY: Oxford University Press, 2014).
16. Merlin D. Burt, ed., *Understanding Ellen White* (Nampa, ID: Pacific Press, 2015).
17. Philip Yancey, *Prayer. Does it Make any Difference?* (Grand Rapids, MI: Zondervan, 2006), p. 209.
18. Смотрите с. 204.
19. Roy Adams, 'Sanctuary' in: Gary Chartier, ed.: *The Future of Adventism: Theology, Society. Experience* (Ann Arbor, MI: Griffin & Lash, Publishers, 2015), p. 143.
20. Там же, с. . 154.
21. 'Pilgrim at the Spaghetti Junction: An Evangelical Perspective on Relativism and Fundamentalism' in: Peter L. Berger, op. cit., pp. 164-179.
22. Reinder Bruinsma, *It's Time to Stop Rehearsing What We Believe and Start Looking at What Difference It Makes* (Nampa, ID: Pacific Press, 1996).

www.ingramcontent.com/pod-product-compliance
Lightning Source LLC
Chambersburg PA
CBHW050534300426
44113CB00012B/2095